Karo ◆ Buch

Dieses Buch bringt euch Anregungen und Unterhaltung für jedes Wetter und jede Laune. Ihr könnt es euch gemütlich machen und ganz alleine in den spannenden Geschichten schmökern. Oder ihr ladet eure jüngeren Geschwister zu einer Vorlesestunde ein. Sicher werden sie begeistert zuhören.

Die vielen lustigen Spielvorschläge regen zum Nachspielen mit Freunden an, und nach den klaren, verständlichen Anleitungen könnt ihr herrliche Dinge selbst basteln.Den besonders Pfiffigen unter euch werden die Rätsel und Scherzfragen viel Freude machen.

Und nun viel Spaß beim Lesen, Spielen und Basteln!

T. Hulsebosch

# Nie mehr Langeweile

**LESEN, SPIELEN UND BASTELN**

NEUER JUGENDSCHRIFTEN-VERLAG
HANNOVER

Aus dem Niederländischen übersetzt von Helmut Goeb
Titel der Originalausgabe: „Ons Jeugdboek“


ISBN 3-483-**01364**-4
Einbandbild und Textzeichnungen: Arnold Berbers

Satz: E. Meinecke, 3341 Denkte Druck: CW Niemeyer, 3250 Hameln

# Inhaltsverzeichnis

## *Lorbas beißt nicht!*

Ich sah ihn einen Augenblick zu spät. Das wunderte mich eigentlich nicht, denn ich hatte schon den ganzen Tag eine Pechsträhne gehabt. Alles hatte sich gegen mich verschworen. Beide Schuhriemen waren mir gerissen, und das, obschon ich doch ohnehin eine Viertelstunde zu spät aufgestanden war. Und dann war ich – ohne jeden ersichtlichen Grund – auf dem Gehsteig direkt vor unserer Schule lang hingeknallt. Es war nicht das Geringste dort, über das ich hätte fallen können, das war das Verrückteste an der Sache. Nicht einmal ein Kirschkern lag auf dem Bürgersteig. Das Loch in meinem Knie machte mir nicht einmal viel aus, aber ich fiel so komisch der Länge nach auf den Bauch, daß von allen Seiten schallendes Hohngelächter ertönte. Unter den Spöttern war natürlich auch wieder Jakob, ein Mitschüler, der mir in allem überlegen war und mich das dauernd spüren ließ. Dazu war er auch noch viel stärker als ich. Daß aber ausgerechnet Petra sich unter den Lachern besonders hervortat, schnitt mir tief in die Seele. Die letzten sechs Worte hatte ich kürzlich in einem Buch gelesen, aber ich fand, daß sie großartig in meine Lage paßten.

Petra ist das netteste Mädchen an unserer Schule. Das heißt, vielleicht ist sie es ganz und gar nicht, aber für mich ist sie es. Allerdings, ihr Hohngelächter, als ich so elend hinschlug und eine so unglückliche Figur machte, ließ mich doch ein wenig nachdenklich werden. Ich hatte immer geglaubt, daß sie mich auch ein wenig nett fände. Aber nach der Erfahrung von heute mußte ich wohl damit rechnen, daß ich mich in letzter Hinsicht geirrt hatte.

Doch ich will jetzt fortfahren mit der Erzählung über das Ereignis, das ich schon angedeutet habe. Ich sah ihn, wie gesagt, einen Augenblick zu spät. Hätte ich ihn doch schon erblickt, als ich in die Straße einbog! Dann hätte ich noch umkehren können. Ich hätte einfach eine Nebenstraße gewählt. Mit ein wenig Geschick kann man das so machen, daß keiner merkt, weshalb man es getan hat. Man muß zuerst eine nachdenkliche Miene aufsetzen. Dann runzelt man die Augenbrauen, so als ob man an etwas Bestimmtes denkt. Dabei verlangsamt man den Schritt und geht nur noch zögernd weiter. Im richtigen Augenblick bleibt man schließlich mit einem Ruck stehen. Dazu muß man ein Gesicht machen wie jemand, dem soeben eingefallen ist, daß er den ganzen Inhalt seiner Taschen irgendwo auf einer Fensterbank hat liegenlassen. Wenn man an diesem Punkt angelangt ist, kann man ruhig umkehren, ohne daß jemand Verdacht schöpft.

Na ja, wenn ich so weitermache, werdet ihr wohl nie erfahren, was mir an jenem Pechtag in der Kirchgasse widerfuhr. Ich schlenderte also tief in Gedanken durch die Kirchgasse. Als ich ihn plötzlich entdeckte, war es zu spät, um umzukehren. Ich hätte es zwar noch tun können, aber nicht, ohne eine komische Figur zu machen. Es hätte wie ein regelrechtes Davonlaufen ausgesehen, und das wollte ich auch nicht auf mir sitzen lassen.

Wer er denn nun eigentlich war, fragt ihr? Er war ein Hund! Ja, ganz richtig, er war tatsächlich nur ein Hund. Na ja, „nur" ist nicht das richtige Wort, das werdet ihr noch sehen. Nun muß ich ehrlich zugeben, daß ich Angst vor Hunden habe. Dabei habe ich Tiere gern, alle Tiere, natürlich auch Hunde. Aber aus irgendeinem mir unerklärlichen Grunde haben sie es immer auf mich abgesehen. Ich brauche nur auf meinem Fahrrad zu sitzen und dabei zufällig an irgendeinem Hund vorbeizukommen, schon hebt er den Kopf. An seinen Augen sehe ich dann schon, was er denkt: Den schnappe ich mir. Und tatsächlich, schon springt er blaffend auf mich los und schnappt nach meinen Beinen. Es sitzt also nichts anderes drin, als zu versuchen, ihm in rasender Fahrt davonzustrampeln, bis er die Verfolgung aufgibt und mit bösem Bellen zurückbleibt. Meine Freunde und auch viele Erwachsene behaupten, daß ein Hund spürt, wenn man Angst vor ihm hat.

Es wäre also meine eigene Schuld, daß sie mir immer nachliefen. Andere behaupten wieder, man hätte gewisse schlechte Eigenschaften, die die Hunde wittern. Ich weiß zwar nicht recht, welche dunklen Flecken ich im Inneren meiner Seele haben könnte, und wenn ich es wüßte, würde ich es bestimmt keinem Hund erzählen. Also, auch mit dieser Erklärung kann ich nicht allzuviel anfangen.

Ich versuchte also mutig, meinen Weg fortzusetzen, als ob nichts Besonderes los sei. Ich hielt die Hände in den Taschen und bemühte mich, ein gleichgültiges Gesicht zu machen. Ich machte natürlich einen kleinen Bogen, denn ich wollte den Hund nun nicht gerade über den Haufen rennen. Das wäre mir wohl auch kaum gelungen, denn dafür war er viel zu groß. Ich wich ihm also nur so weit aus, daß es nicht auffiel. Bis jetzt war also alles noch leidlich gut verlaufen. Als ich jedoch nur noch ein paar Meter von dem Hund entfernt war, sah ich plötzlich, wie in seinen Augen der mir so wohl vertraute „Den-schnappe-ich-mir-Blick" aufglomm. Er hatte mich schon eine ganze Weile beobachtet, als ich mich näherte. Auch ich hatte ihn natürlich, so unauffällig wie möglich, von der Seite im Auge behalten. Als ich aber jetzt den bekannten Zupackblick in seinem Gesichtsausdruck gewahrte, und er auch noch einen Schritt auf mich zutat, so als ob er mir den Weg abschneiden wollte, beschloß ich, mein Leben nicht aufs Spiel zu setzen und ging zwei Schritte rückwärts. Ich suchte mit dem Rücken Deckung an einer Mauer.

„Lorbas beißt nicht", sagte ein kleines Männchen mit seltsam krächzender Stimme. Es war offensichtlich das Herrchen des Hundes und nicht viel größer als sein Hund. Ich wußte, daß ein ängstlicher Ausdruck über mein Gesicht gehuscht war und ihm verraten hatte, was ich dachte. So fügte er noch hinzu: „Geh ruhig weiter, mein Junge, und mach keine plötzlichen oder hastigen Bewegungen, davon wird Lorbas nervös!"

‚Ich ihn nervös machen', dachte ich, ‚das ist ja die absolute Spitze. Dabei zittere ich selbst wie Espenlaub.' Ich setzte nicht das geringste Vertrauen in die Worte des kleinen Mannes. Schon der Name des Hundes war zum Fürchten. Wer würde denn einen ungefährlichen, harmlosen Hund ausgerechnet Lorbas nennen?

Wenn er Dux, Treff oder Tell oder meinetwegen auch Türk geheißen hätte, wäre ich nicht so mißtrauisch geworden. Aber Lorbas! Nein, das war wirklich ein Name, um eine Gänsehaut zu bekommen.

„Lorbas beißt nicht!“ wiederholte der kleine Mann, „geh schön langsam weiter und mach ihn nicht nervös.“

Ja, das hörte ich nun schon zum zweiten Mal, aber trotz der beruhigenden Worte blieb ich stocksteif gegen die Mauer gelehnt stehen. Vor mir der riesige Hund Lorbas. So dicht vor mir, daß ich seinen Atem in meinem Gesicht spürte. Die zwei Reihen scharfer, blitzender Zähne sahen fast noch gefährlicher aus als der Ausdruck seiner Augen. Er brummte bedrohlich.

„Lorbas beißt nicht“, ertönte die seltsame Krächzstimme zum dritten Mal, als der Mann sah, daß ich immer noch keine Anstalten machte, meinen Platz an der Mauer zu räumen. Ich sah flüchtig zur Seite und gewahrte einen verächtlichen Ausdruck im Blick von Lorbas' Herrchen. Verächtlich, weil ich trotz seiner vielen beruhigenden Beteuerungen furchtsam blieb. Aber ich bin fast sicher, daß es in diesem Augenblick jedem von euch genauso ergangen wäre. Dieses Monstrum Lorbas war so groß wie ein Kalb. Er hatte riesige, eckige Pfoten, eine breite Boxerbrust und gewaltige Kinnladen, in denen wohl an die hundert Zähne blitzten. Hundert kann nicht stimmen, wurde mir später gesagt, aber damals kam es mir jedenfalls so vor. Dabei verliehen ihm die tiefen Denkerfalten auf der Stirn etwas beinahe Gutartiges. Aber wen konnte das beeindrucken bei diesem gemeinen Ausdruck der Augen und den drohenden Zähnen. Oh, wie leid tat es mir jetzt, daß ich nicht doch noch umgekehrt und zurückgegangen war!

„Lorbas ist der liebste und sanfteste Hund der Welt", krächzte das Männchen wie aus weiter Ferne, „aber du darfst ihn natürlich nicht durch dein komisches Benehmen nervös machen. Das kann kein Hund vertragen. Vor allem darfst du nicht so aufgeregt sein. Geh einfach weiter und tue so, als ob er gar nicht hier wäre. Dann wird er von selbst wieder ruhig."

Endlich ergriff ich die Gelegenheit, auch einmal etwas zu sagen. Ich holte tief Luft und rief mit zitternder Stimme: „Aber sehen Sie denn nicht, wie drohend er mich anschaut? Sie können gut sagen, daß er nicht beißt, aber warum rufen Sie ihn denn nicht? Solange er direkt vor mir steht, kann ich doch unmöglich weitergehen."

„Ja, ja, das stimmt schon", sprach der kleine Mann. Und dann verlieh er seiner Krächzstimme einen so sanften Klang, als ob er zu einem Hündchen von acht Wochen spräche und rief: „Komm her, Lorbas, los, komm jetzt schön. Ja, du bist ein guter Hund, du bist ganz lieb."

Ob Lorbas vielleicht wirklich ein liebes Tier war? Schließlich kannte ich den Hund ja nicht, und sein Herr kannte ihn. Lieb sah er jedenfalls nicht aus, aber das sagt nicht immer etwas. Wir haben zum Beispiel in der Klasse einen Jungen, der aussieht, als wäre er der Boß der Chikagoer Unterwelt. Aber in Wirklichkeit ist er so fromm wie ein Lamm. Vielleicht schätzte ich Lorbas auch ganz falsch ein. Nehmen wir einmal an, er wäre tatsächlich ein lieber Hund gewesen, ein gehorsamer Hund war er jedenfalls nicht. Er dachte nämlich gar nicht daran, zu seinem Herrchen zurückzulaufen, sondern blieb wie angewurzelt vor mir stehen und sah mich weiter aus seinen blutunterlaufenen Augen habgierig an.

Und gerade in dem Augenblick, als ich den festen Entschluß gefaßt hatte, all meinen Mut zusammenzuraffen und einfach ganz normal weiterzugehen, wie es mir der Mann geraten hatte, kam ein tiefes, drohendes Grollen aus dem geöffneten Schlund. Vor lauter Schreck machte ich eine hastige, unbeherrschte Bewegung, und das war natürlich das Verkehrteste, was ich tun konnte. Das konnte Lorbas nämlich nicht vertragen, wie mir sein Herr gesagt hatte. Langsam setzte sich das mächtige Tier in Bewegung. In Gedanken hörte ich ihn „schnapp" sagen, und da schlossen sich die mächtigen Kinnladen auch schon um meinen rechten Arm. Nur einen kurzen Augenblick, denn der Hund ließ mich sofort wieder los. Dennoch fühlte ich einen heftigen, stechenden Schmerz und stieß einen lauten Schrei aus. Später sah ich allerdings ein, daß Lorbas mir gar nicht wehgetan hatte, sondern daß ich es mir vor Angst und Schreck nur einbildete. „Sehen Sie nun, daß ihr Hund doch beißt?" schrie ich. Aber das machte auf das Männlein gar keinen Eindruck. Er schüttelte sehr bestimmt den Kopf und sagte kurz:

„Mein Lorbas beißt nicht, er darf nur nicht gezankt werden, denn das kann er nicht vertragen. Er hat noch nie jemanden gebissen."

Nach diesen Worten, die natürlich eine unverschämte Lüge waren, denn immerhin war ich soeben gebissen worden, sah das Männchen mich so bekümmert und verweisend an, als ob ich seinem Hund etwas getan hätte und nicht der Hund mir.

Doch jetzt näherte sich plötzlich ein Herr. Er schien es recht eilig zu haben, denn er lief mit großen Schritten in die Richtung, wo Lorbas mich gefangenhielt. Auch fuchtelte er dabei wild mit den Armen. Das hätte er nun gerade nicht tun sollen, aber konnte er das wissen? Das Fuchteln schien Lorbas nervös zu machen. Er wandte den Kopf in die Richtung des Ankommenden und schien mich dabei ganz zu vergessen. Ich sah, wie Lorbas sich von mir wegwandte und sich ein wenig zur Seite drehte, um dem Herrn den Weg abzuschneiden. Wieder hörte ich sein tiefes Grollen, und er entblößte noch mehr Zähne, als er es bei mir getan hatte. Der Herr bemerkte die Drohung, die von Lorbas ausging, jetzt auch. Er zögerte und verhielt den Schritt. Er blieb, den Rücken gegen die Mauer gelehnt, stehen, genau wie ich es getan hatte. Ich nutzte die günstige Gelegenheit und machte mich schleunigst aus dem Staube, das heißt, ich schlich auf den Zehenspitzen davon. Nur zehn Meter weiter befand sich ein Geschäft, wo man Pommes frites kaufen konnte. Ich beschloß, mich selbst zu einer Portion einzuladen, denn ich fand, daß ich das redlich verdient hatte. Bevor ich jedoch die Tür hinter mir zumachte, blickte ich mich noch einmal verstohlen um. Der Herr stand noch mit dem Rücken an

der Mauer, und der Hund hatte sich vor ihm postiert. Ich wollte weitergehen, als ich die vertraute Krächzstimme beruhigend sagen hörte:

„Sie brauchen keine Angst zu haben, Lorbas beißt nicht. Sie dürfen ihn nur nicht nervös machen, und bitte, keine plötzlichen Bewegungen, das kann er nicht leiden.“

Ich ging schleunigst in das Geschäft hinein und atmete erleichtert auf, als ich mich in Sicherheit fühlte. Von den bestellten Pommes frites schmeckte ich nicht viel, denn Lorbas spukte mir immer noch im Kopfe herum.

Als ich meine Tüte leergegessen hatte, ging ich durch die Drehtür langsam wieder nach draußen. Ich traute meinen Augen nicht. Der Herr stand immer noch an der Mauer, Lorbas hatte ihn noch nicht freigegeben. Anscheinend hörte der Hund die Tritte meiner Füße auf dem Bürgersteig, denn er wandte den Kopf wieder in meine Richtung und knurrte bedrohlich. Wie der Sturmwind machte ich, daß ich durch die Drehtür wieder nach drinnen kam. Dort fragte ich den Geschäftsführer, ob es nicht vielleicht einen Hinterausgang gäbe. Aber der Mann sah mich mißtrauisch an und schüttelte den Kopf. Ich sah es ihm an, daß ihm die Sache verdächtig vorkam. Ich schämte mich, dem Mann einzugestehen, daß der einzige Grund für mein merkwürdiges Benehmen ein großer Hund war, der zehn Meter vor seinem Geschäft den Bürgersteig unsicher machte. Ich sagte deshalb auch nur „Dankeschön" und machte, daß ich wegkam, denn im letzten Augenblick hatte ich gesehen, daß der Mann plötzlich auch die Zähne zeigte. Das sollte aber anscheinend keine Drohung sein, denn er biß nicht.

Ich ging durch die Drehtür wieder hinaus, kniff einen Augenblick die Augen zu und rannte dann nach links, nicht nach rechts, wo der Hund Lorbas stand. Das Vorangegangene hatte mich innerlich so aufgewühlt, daß ich gar nicht aufpaßte, wohin ich lief. Ich hatte kaum 25 Meter zurückgelegt, als ich plötzlich vor einem kleinen Mann mit einem großen Hund ausweichen mußte. Ohne genauer hinzusehen, verlangsamte ich meine Schritte und ging an den beiden vorüber. Doch in diesem Augenblick ertönte eine bekannte Krächzstimme, die mir nachrief:

„Siehst du wohl, daß Lorbas nicht beißt. Du mußt nur ganz normal vorbeigehen und ihn nicht nervös machen."

Der Mann mit dem Hund war schon bestimmt zehn Meter hinter mir, ehe die Bedeutung dieser Worte zu mir durchdrang. Wie angewurzelt blieb ich stehen und blickte mich um. Verflixt, das war ja schon wieder Lorbas mit seinem Herrchen! Aber das Seltsame war, daß der Hund überhaupt keine Notiz von mir zu nehmen schien. Mit gesenktem Kopf trottete er träge neben seinem

Herrn her. Er schaute sich nicht um und hob nicht einmal den Kopf, sondern seine ganze Haltung schien auszudrücken: „Wann sind wir denn nun endlich zu Hause? Ich bin ja sooo müde." Vielleicht meint ihr nun doch, daß ich mich in irgendeiner Weise Lorbas gegenüber nicht richtig verhalten habe. Vielleicht seid ihr sogar mit Lorbas' Herrn der Meinung, nur mein komisches Verhalten sei schuld daran, daß der Hund zugepackt habe, und daß er ansonsten ein liebes Tier ist, das keinem ein Haar krümmt. Aber falls ich ihm heute oder morgen wieder begegnen sollte, so werde ich bestimmt rechtzeitig umkehren und einen Umweg durch eine andere Straße wählen, notfalls sogar durch zehn andere Straßen. Und in der Kirchgasse werde ich mich so bald nicht mehr blicken lassen, obwohl ich fast sicher bin, daß Lorbas dort gar nicht wohnt.

## *Welches Buch liest Pim?*

Pim ist eine eifrige Leseratte. Am liebsten liest er jedoch eine ganz bestimmte Art von Büchern. Weil er sich sehr für Geschichte interessiert, begeistern ihn Bücher über Staatsmänner immer wieder. Auch das Buch, das er gerade liest, handelt von einem großen Staatsmann. Wer das ist? Das könnt ihr herausfinden, wenn ihr die Fächer, in die ein schwarzer Punkt eingetragen ist, schwarz ausmalt. Dann kommt das Schattenbild des Mannes zum Vorschein. Ihr erkennt ihn bestimmt sofort.

(Auflösung hinten im Buch).

## *Zwölf gleiche Bilder?*

Das sieht doch jeder, werdet ihr sagen. Das ist zwölfmal das gleiche Bild! Wirklich? Nein, wer das meint, irrt sich gründlich. Sperrt mal eure Augen weit auf und vergleicht die Bilder genau miteinander. Schreibt euch auf, welche eurer Meinung nach wirklich genau gleich sind. Notiert einfach die Buchstaben. Wenn ihr glaubt, ihr hättet es herausgefunden, vergleicht ihr das Ergebnis mit der richtigen Lösung.

(Auflösung hinten im Buch).

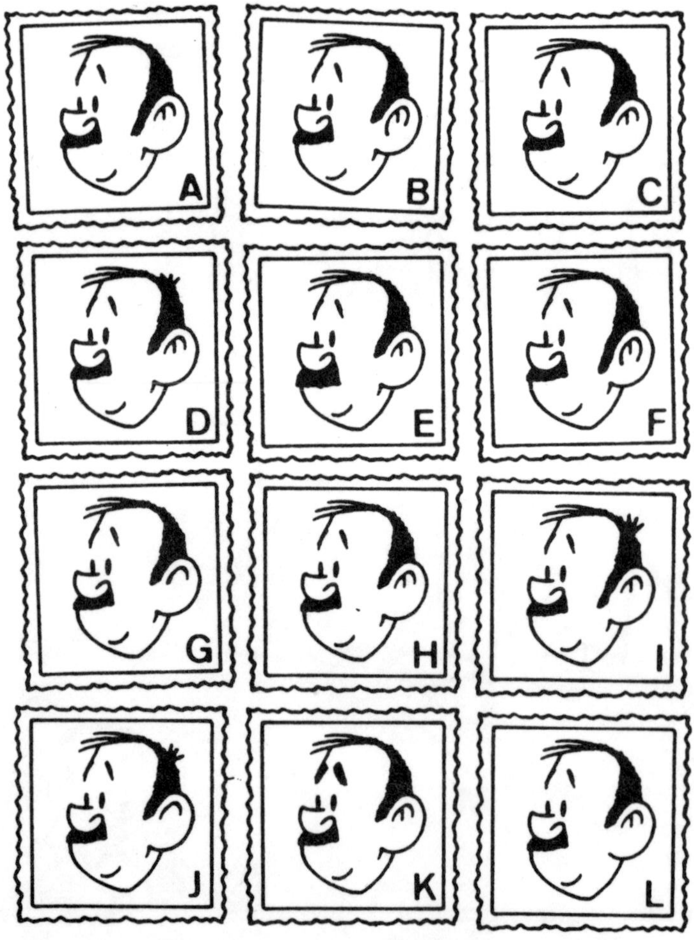

## *Dreiecke suchen*

Diese durcheinanderlaufenden Linien bilden Dreiecke. Könnt ihr das kleinste und das größte Dreieck, das von den Buchstaben und Linien gebildet wird, heraussuchen?

(Auflösung hinten im Buch).

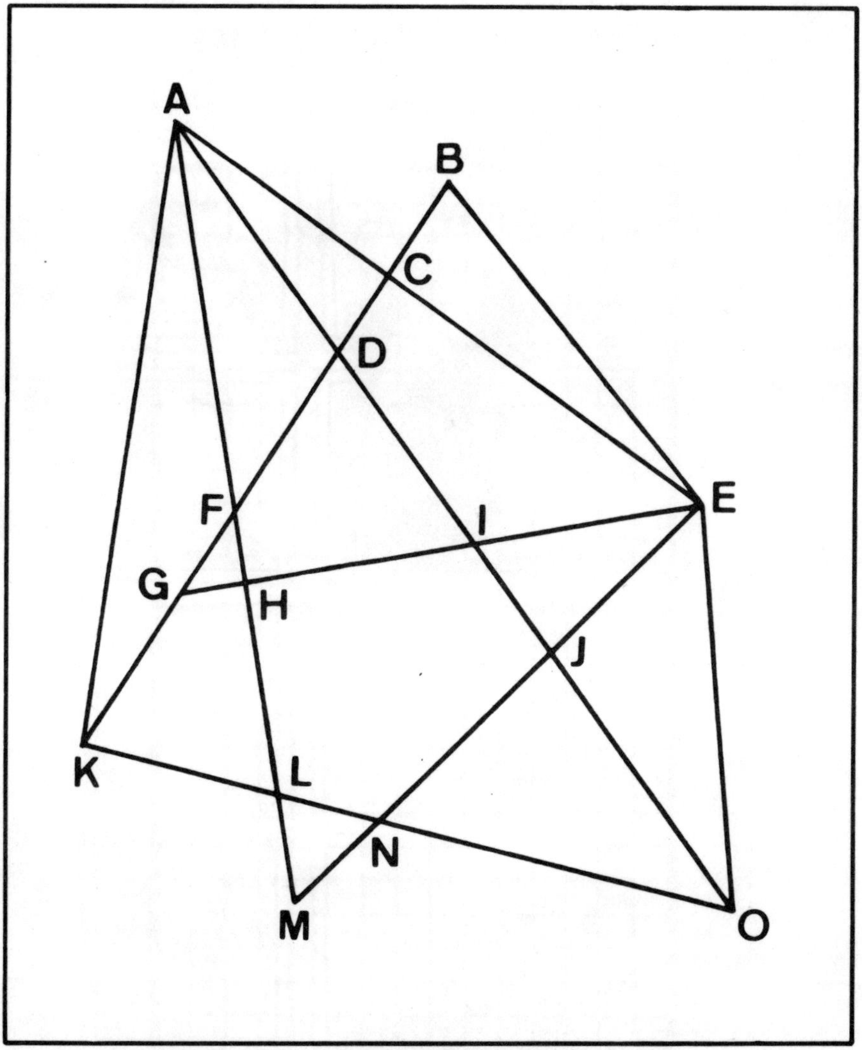

## *So kann jeder zeichnen*

Auf diese Weise kann jeder zeichnen, es sei denn, er ist maßlos nachlässig oder ungenau. Man muß nämlich die Kästchen sehr genau auszählen, wenn man von diesem Eichhörnchen einen Zwilling zeichnen will. Man kann das in diesem Buch in der unteren Hälfte des in Kästchen aufgeteilten Rechteckes tun. Man kann das Kästchenmuster auch auf ein Stück durchsichtiges Papier übertragen oder auf weißem Papier nachzeichnen. Im letzteren Falle muß jedes Kästchen 1 cm lang und breit sein. Das Rechteck muß 15 Kästchen breit und 13 Kästchen hoch sein. Viel Erfolg!

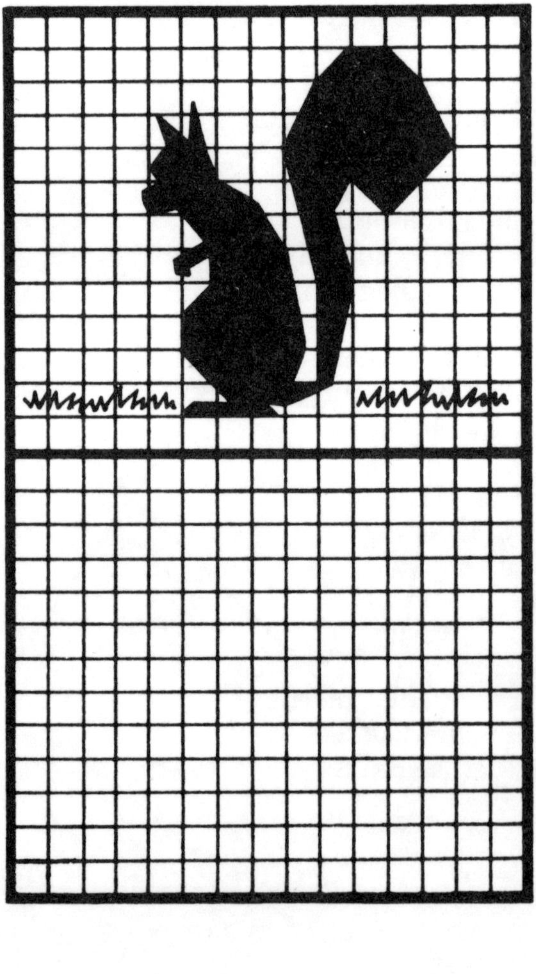

## *Wer kommt damit zurecht?*

1. Was kann man mitten in Berlin finden?
2. Welche Glocken kann niemand läuten?
3. In welcher Beziehung kann man den Mond mit einer Uhr vergleichen?
4. Welches ist der kürzeste Monat?
5. Fast jeder hat zuwenig Zeit; aber welche Zeit nimmt sich jeder doch täglich?
6. Welche Krankheit kommt in keinem Lande vor?
7. Welche Berge kann man aufsuchen, ohne zu klettern?
8. Abracadabra wird meistens mit elf Buchstaben geschrieben. Schreibe es mal mit zwei Buchstaben!
9. Welche Rosen kann man nicht pflücken und in keine Vase stellen?
10. Wo wächst der beste Wein? In Frankreich oder in Deutschland?
11. Wenn 25 Kilo Korn genau einen Sack füllen, wie kann man dann mit derselben Menge Korn zwei gleiche Säcke füllen?
12. Welche Toren erfüllen eine sehr sinnvolle Aufgabe?
13. In welche Richtung rennen die meisten Hasen, wenn sie auf dem Feld von einem Jagdhund verfolgt werden?
14. Viele Sänger und Sängerinnen können vom Blatt singen, das heißt, ohne Vorbereitung. Wer kann alles vom Blatt singen?
15. Sitzen Vögel lieber auf grünen oder auf dürren Ästen?
16. Welcher Vogel hat lange, rote Beine, einen langen, roten Schnabel und legt seine Eier gern in ein Nest, das er auf dem Dach von Bauernhöfen gebaut hat?
17. Wie weit kann man in einen fast unbegehbaren Urwald hineinlaufen, wenn man ein Buschmesser bei sich hat?
18. Weshalb sitzt selbst der leidenschaftlichste Reiter fast nie auf einem Pferd?
19. Nenne zwei Berufe, die vom Rauch leben.
20. Welches Schiff hat keine Segel, keine Masten, keinen Motor, kein Steuer, keinen Kapitän und keine Matrosen?

(Auflösungen hinten im Buch).

## *Verdrehte Sprichwörter*

Es folgen hier sechzehn bekannte Sprichwörter. Wenn ihr sie zuerst nicht erkennt, so liegt das daran, daß sie in zwei Teile geschnitten und später verkehrt zusammengesetzt worden sind. Das heißt also, der erste Teil paßt nicht zum zweiten Teil des Sprichwortes. Versucht also, aus den vertauschten Teilen wieder die ursprünglichen Sprichwörter zusammenzusetzen.

1. Viele Hunde sind . . . der Vater des Gedankens.
2. Wie die Alten sungen . . . ist besser als zehn Tauben auf dem Dach.
3. Der Wunsch ist . . . des Hasen Tod.
4. Vom Regen . . . zwitschern die Jungen.
5. Ein Spatz in der Hand ist . . . seliger denn nehmen.
6. Geben . . . macht noch keinen Sommer.
7. Perlen . . . mit fremden Federn schmücken.
8. Sich . . . vor die Säue werfen
9. Auf einem Bein . . . in die Traufe kommen.
10. Jung gelernt . . . kann man nicht stehen.
11. Zwei Fliegen . . . tönen am lautesten.
12. Hohle Fässer . . . mit einer Klappe schlagen.
13. Wer nicht hören will . . . lacht am besten.
14. Wer zuletzt lacht . . . muß fühlen.
15. Eine Schwalbe . . . solange es noch warm ist.
16. Schmiede das Eisen . . . alt getan.

(Auflösung hinten im Buch).

## *Die Riesen Ellert und Brammert*

*(Eine alte Legende aus der Drenter Heide)*

Vor langer, langer Zeit wohnten in der Drenter Heide zwei sehr gefürchtete Riesen, die Ellert und Brammert hießen. Auch heute noch ist die Heidelandschaft von Drente weit und still, aber von den beiden Riesen hat man nie mehr etwas gehört oder gesehen. Viele behaupten, daß die beiden gefürchteten Männer längst tot seien, andere dagegen sind fest davon überzeugt, daß sie noch leben. Wir wollen einmal einen Ausflug zurück in jene alten Zeiten machen, in denen man kaum wagte, den Namen der beiden auszusprechen. Sie wohnten im weitesten und einsamsten Teil der Heide, in der Nähe von Orvelterveen. Wenn es auch jetzt schon Jahrhunderte her ist, seit man sie dort zum letzten Mal gesehen hat, so lebt die Erinnerung an die beiden brutalen Mörder doch immer noch fort. Eines Tages lagen Ellert und Brammert vor dem Eingang ihrer dunklen Höhle und faulenzten. Sie genossen den herrlichen, warmen Sonnenschein, während die Bienen rings umher von Blüte zu Blüte summten. Hoch oben in der blauen Sommerluft schwebte ein Falke auf der Suche nach Beute. Eine flinke Eidechse raschelte durch das Laub. Aber außer diesen leisen Geräuschen hörte man keinen Laut auf der stillen, weiten Heide.

Plötzlich jedoch wurde die Stille durch das Klingen von Glöckchen unterbrochen, die die Riesen an dünnen, starken Fäden quer über die Heide gespannt hatten. Es war ein leises, melodisches Geräusch, das anscheinend dadurch verursacht wurde, daß der Wind an den Glöckchen vorbeistrich. Aber zu diesem Zweck hatten die Riesen sie natürlich nicht angebracht. Der Sinn war, daß sie jeden Fremden, der sich auf die Heide wagte und dabei in die Nähe der Riesen geriet, verraten sollten, wenn er an die Fäden stieß. In solchem Falle aber klangen die Glöckchen viel schriller und heftiger, als wenn nur der Wind die Ursache war. Die armen Menschen, die unfreiwillig das Läuten auslösten, hat man nie mehr lebend gesehen. Ihre Knochen bleichten irgendwo in der Heide, und das, was sie bei sich geführt hatten, stapelte sich in der finsteren Höhle der beiden Mörder zu immer höheren Haufen. Ellert und Brammert kannten kein Erbarmen, und ihre Gier nach immer neuen Reichtümern konnte durch nichts gestillt werden. Auch jetzt lagen sie wieder nur dort, um auf neue Opfer und neue Beute zu warten.

Plötzlich schnellten sie empor und horchten gespannt. Sämtliche Glöckchen hatten gleichzeitig begonnen zu klingen, und das war eigentlich noch nie vorgekommen. Verblüfft sahen sich die Riesen an. Wenn einer der Fäden versehentlich von einem Fuß berührt wurde, so setzte ein heftiges Geklingel ein. Aber diesmal spielten die Glöckchen eine süße Melodie.

„Das ist ja eine merkwürdige Sache", meinte Ellert, der Vater von Brammert, und spähte, die Hand über den Augen, in die Richtung, aus der die schönen Klänge kamen.

„Das ist bestimmt eine Beute, so reich und fett, wie wir sie noch nie gehabt haben", sagte Brammert. Seine Stimme klang ganz heiser vor lauter Habgier, und seine Augen funkelten unter den starken Augenbrauen. „Komm, Vater, wir wollen keine Zeit verlieren und die fette Beute fangen."

Damit war Ellert sofort einverstanden. Im Handumdrehen hatten sie ihre großen Siebenmeilenstiefel angezogen, und gleich darauf jagten sie wie der Sturmwind über die Heide. Noch nie war ihnen eine Beute entwischt.

Als sie die Stelle erreicht hatten, sahen sie zu ihrer Verwunderung, daß dort ein Mädchen saß. Es lächelte träumerisch und spielte in Gedanken versunken mit den schwarzen Fäden. Bald zog es heftiger, bald etwas vorsichtiger. Das Spielchen gefiel ihm, weil es so schöne Klänge hervorlockte. Plötzlich begann der Boden unter ihm zu zittern. Es hörte dröhnende Schritte, die rasch näherkamen. Erschrocken schaute das Mädchen auf, und als es die beiden Riesen herannahen sah, verbarg es furchtsam sein Gesicht unter der Schürze.

„Ha!" brüllte Ellert, „eine Frau, und wie hübsch sie aussieht. Das ist wirklich eine seltene Beute, die haben wir noch nie gemacht."

„Ja, das ist einmal etwas anderes als Geld", rief Brammert dröhnend aus. „Steh auf, Menschenkind und erzähle uns rasch, wer du bist."

Das Mädchen begann bitterlich zu weinen und konnte zuerst kein Wort herausbringen. Aber schließlich rief es unter vielem Schluchzen:

„Ich heiße Angelika und bin ein armes Mädchen aus Orvelterveen. Ich habe nicht einen Pfennig bei mir. Laßt mich doch wieder gehen."

Aber die beiden Riesen mußten darüber so laut lachen, daß es über die Heide schallte und kilometerweit zu hören war.

„Kind aus Orvelterveen", lachte Ellert, „nun laß mal die Heulerei sein. Wir wollen dir ja gar nichts tun, du sollst es sogar gut bei uns haben. Komm nur schnell mit. Du mußt uns unser Essen kochen und unsere Kleider in Ordnung halten. Eine Haustochter hat uns schon lange gefehlt.“

Mit diesen Worten packten die Riesen das Mädchen jeder an einer Hand und schleiften es in rasendem Lauf einfach zwischen sich zu ihrer finsteren Höhle. Das arme Kind jammerte und klagte unterwegs in einem fort, aber das kümmerte die Riesen nicht. Sie lachten nur noch lauter über das klägliche Gewimmer. Sie wußten nur zu gut, daß die Mutter des jungen Dinges diesem unzählige Male eingeschärft hatte, nur ja nicht der großen Heide zu nahe zu kommen. Aber Angelika war natürlich neugierig gewesen, was es dort wohl zu sehen gäbe.

‚Ob es die zwei Riesen wohl wirklich gibt?‘ hatte sie bei sich gedacht, als sie sich am Rande der Heide niederließ. ‚Ich kann es nicht so recht glauben. Mütter sind immer so besorgt um ihre

Töchter. Da wird die gute Mutter wohl ein bißchen übertrieben haben.'

Ja, so hatte sie gedacht. Und immer, wenn sie Zeit hatte, war sie in die Richtung der Heide spaziert. Zuerst nur ein Stückchen, aber mit jedem Mal ein bißchen weiter. So weit wie heute hatte sie sich allerdings noch nie hinausgewagt. Und es wäre ihr wahrscheinlich noch nichts passiert, wenn sie nicht unglücklicherweise angefangen hätte, mit den Glöckchen zu spielen. Ja, und nun hatte sie die Bescherung.

Von diesem Tage an wohnte Angelika auch in der Höhle der Riesen. Sie unterhielt das Feuer, auf dem die großen eisernen Töpfe mit Bohnen und Speck brutzelten. Sie hielt die Kleider der Riesen in Ordnung und schmierte ihre Stiefel mit Öl ein. Sie mußte den zwei rohen Gesellen sogar die Haare schneiden. Nachts schlief sie auf dem feuchten Boden in der hinteren Höhle, während sich die beiden Kerle nahe dem Eingang niederlegten. So gab es vorläufig keine Möglichkeit, ihnen zu entkommen.

Manches liebe Mal stand Angelika vor der Höhle und starrte in die Richtung, wo sie ihr Elternhaus wußte. Dort, wo die Rauchwolke aufstieg, lag Orvelterveen. Vielleicht kam das Wölkchen sogar aus dem Schornstein des Hauses ihrer Eltern. Mitunter, wenn der Wind besonders günstig stand, konnte sie sogar aus der Ferne ganz schwach die Stimmen von Menschen vernehmen, die geschäftig ihre Äcker bestellten. Menschen, die sie vermutlich sogar kannte, die aber keine Ahnung davon hatten, daß sie hier in der Höhle gefangengehalten wurde.

Den Riesen war es natürlich klar, daß ihre Gefangene ständig darüber nachgrübelte, wie sie ihnen wohl entkommen könnte. Um ihr das unmöglich zu machen, hatten sie jetzt alles anders eingeteilt als vorher. Früher waren sie gemeinsam auf Raub ausgezogen. Jetzt blieb einer von ihnen immer bei der Höhle, um ihren größten Schatz zu bewachen.

So verging die Zeit. Die Heideblümchen verwelkten und fielen ab. Die Heide färbte sich braun, und der Winter zog ins Land. Es dauerte nicht lange, und die weite Heidefläche hatte sich in eine große, glitzernde Schneelandschaft verwandelt. Aber schließlich schmolz auch der Schnee wieder weg, und der Frühling färbte alles mit neuem, frischem Grün. Eines Tages hoben die rosa Heideblümchen wieder langsam ihre Köpfe, zuerst zaghaft, dann immer mehr. Da begriff Angelika, daß es nun schon ein ganzes Jahr bei den Riesen in Dienst stand. Nichts, aber auch gar nichts hatte sich in diesem Jahr geändert. Aber sie verzweifelte trotzdem nicht, sondern grübelte weiter darüber nach, ob sich nicht doch einmal eine Möglichkeit ergab zu entkommen. Aber wie? Ob denn die Leute aus ihrem Dorf niemals nach ihr suchten? Ob denn Ellert und Brammert niemals gleichzeitig in Schlaf sanken? Und würden sie nie wieder gemeinsam auf Raub ausziehen?

Sie war jedenfalls entschlossen, jede, auch die geringste Chance sofort zu nutzen, obwohl sie wußte, daß die beiden Kerle ihr wie der Sturmwind nachjagen und sie vielleicht vor ihrem Dorf wieder einholen würden. Das hätte dann sicher ihr Ende bedeutet. Aber war das eigentlich schlimmer, als das Leben mit zwei so rohen Gesellen?

Wieder wurde die Heide braun, grün und schließlich wieder rosa. Nichts änderte sich. Die Jahreszeiten folgten einander im ewig gleichen Lauf. Aber die Rettung für das Mädchen aus Orvelterveen blieb aus. Angelikas blühende Wangen wurden bleich und hager. Ihr Haar ergraute wie das einer alten Frau, ihr Rücken wurde krumm. Die früher lebensprühenden Augen lagen jetzt hohl, matt und ohne Glanz in den Höhlen vor lauter Kummer. Aber ganz tief in ihnen gewahrte man noch ein kleines Lichtlein, ein Zeichen, daß sie die Hoffnung immer noch nicht ganz aufgegeben hatte.

Eines Tages, sie befand sich jetzt seit sieben Jahren in der Gewalt der Räuber, war sie wieder einmal allein mit Ellert in der Höhle, weil Brammert auf Raub ausgezogen war. „Du könntest mich mal wieder rasieren, Mädchen aus Orvelterveen", sagte der alte Riese gebieterisch. Er verließ die Höhle und legte sich draußen faul in eine Sandgrube, den Kopf auf einen kleinen Hügel gestützt.

Das Mädchen füllte warmes Wasser in eine Schüssel, nahm Seife und Pinsel, kniete nieder und begann, den Riesen einzuseifen, zuerst sein stoppeliges Kinn, seine Wangen, und zum Schluß die Oberlippe unter der abscheulichen roten Nase. Alles wurde mit

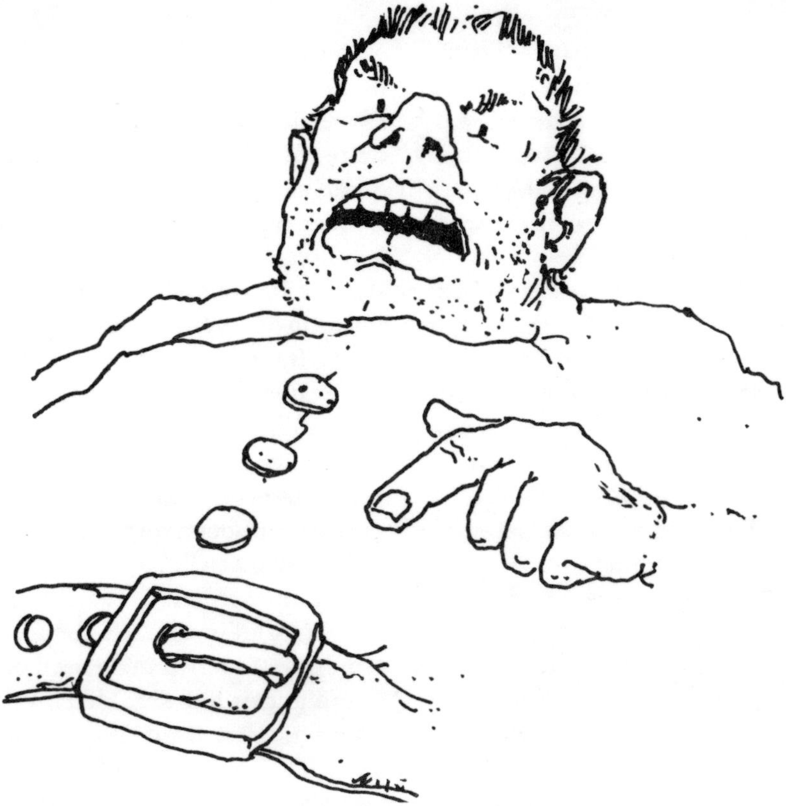

einer gehörigen Lage Schaum bedeckt. Nachdem Angelika damit fertig war, ging sie wieder in die Höhle und kam gleich darauf mit dem großen, funkelnden Rasiermesser wieder heraus. Sie begann es zu schärfen, zuerst auf dem Ölstein und dann auf dem Lederriemen. Während dieser Beschäftigung starrte sie wehmütig auf ein kleines Rauchwölkchen, das irgendwo in der Ferne aus einem Schornstein aufstieg.

„Mach mir nur ja das Messer schön scharf, Mädchen aus Orvelterveen", sagte der Riese, „unheimlich scharf, verstanden? Ich habe mich tagelang nicht mehr rasiert, und meine Bartstoppeln sind hart wie Stacheldraht. Mach also deine Sache gut. Wenn du mich schneidest, lege ich dich übers Knie und verabreiche dir eine Tracht Prügel, daß du eine Woche lang nicht mehr sitzen kannst, verstanden?"

Als der Riese das gesagt hatte, lachte er dröhnend. Sein abscheuliches Lachen rollte über die Heide, und das Mädchen war fast sicher, daß man es sogar in Orvelterveen hören mußte. Bei diesem Gedanken wurden die kleinen Lichter in seinen Augen größer und heller. Aber der Riese sah es nicht. Sein Gesicht war so voller Seifenschaum, daß er es nicht wagte, die Augen zu öffnen.

„Wenn du mich schneidest", hatte der Räuber gesagt, „wenn du mich schneidest!" Dort in der Ferne lag Orvelterveen, und das kleine Rauchwölkchen schien ihr zuzuwinken zu kommen. Sie war allein mit Ellert, Brammert würde wohl weit fort sein, auf der anderen Seite der Heide, wo bisweilen Fremde vorbeikamen. Dort brachte er sie dann um und raubte sie aus. Seit sieben endlosen Jahren hauste sie nun schon bei diesen Banditen. Sollte sie vielleicht ihr ganzes Leben bei ihnen verbringen? Nein, das durfte nie und nimmer geschehen! Das hier war ihre Chance, sie mußte sie nur ergreifen.

„Mutter, ich komme", flüsterte sie fast unhörbar, „ich komme." Ihre Hand zitterte nicht, als sie dem Riesen mit dem Messer über die Wangen fuhr. Er hatte keine Ahnung, was in ihr vorging. Aber als sie es auf die Stoppeln seines Halses setzte, schloß sie einen Augenblick die Augen. Dann drückte sie ihm mit aller Kraft den scharfen Stahl in die Kehle. Während der Riese einen röchelnden Schrei ausstieß, hatte sie schon das Messer in hohem Bogen fortgeschleudert und rannte wie ein flüchtendes Wild davon. Hinter ihr ertönte das Stöhnen des sterbenden Riesen.

Wie in einem Angsttraum jagte sie davon, Richtung Orvelterveen. Aber plötzlich blieb sie stehen und preßte die Hand auf das wild klopfende Herz. Die Fäden! An diese heimtückische Vorrichtung hatte sie bei ihrer rasenden Flucht gar nicht mehr gedacht. Sie war schon ein paarmal dagegen gelaufen, und die Glöckchen hatten darauf heftig zu läuten begonnen.

Dieses Läutkonzert mußte Brammert auch hören, ganz gleich, wo er sich befand! Und sofort war er gewarnt, daß etwas im Gange sein mußte. Dann würde er herbeieilen und entdecken, was vor der Höhle passiert war. Er würde den Zusammenhang sofort verstehen und die Verfolgung aufnehmen. Gab es denn keine Möglichkeit, die Berührung mit diesen verflixten Fäden zu vermeiden?

Ratlos blickte Angelika umher, versuchte, die Flucht etwas vorsichtiger fortzusetzen, mußte aber feststellen, daß das ein hoffnungsloses Beginnen war. Immer wieder begannen, bald da, bald dort, die unseligen Glöckchen zu klimpern.

Sie strauchelte, sie fiel, sprang keuchend wieder auf, fiel von neuem und raffte sich wieder auf. Sie hatte schon ein großes Stück zurückgelegt und konnte nun Orvelterveen deutlich vor sich liegen sehen. Sie fiel noch mehrmals, rappelte sich aber mit dem Mute der Verzweiflung immer wieder hoch und rannte weiter. Sie lief schließlich um ihr Leben. Inzwischen verkündeten die Glöckchen dauernd, daß etwas ganz Besonderes geschehen sein mußte.

Natürlich hatte Brammert, der sich ganz am Rande der ausgedehnten Heide befand, das Geklimpere auch gehört. Er dachte zuerst, er hätte sich vielleicht verhört, aber als er sein Ohr auf den Boden legte, war er ganz sicher, daß etwas nicht stimmte. Sofort stürmte er in die Richtung der Höhle davon. Dort blieb er einen Augenblick mit zusammengepreßten Lippen und drohenden Blicken vor der Leiche seines Vaters stehen. Er wußte sofort, wie das passiert war und schüttelte drohend seine gewaltige Faust:

„Das sollst du mir büßen, Mädchen aus Orvelterveen. Ich werde furchtbare Rache an dir nehmen. Das wirst du mir teuer bezahlen!"

Als er die flache Hand über die Augen hielt, sah er ganz in der Ferne ein dunkles Fleckchen auf der weiten Heide. Es war ihm klar, daß das nur das flüchtende Mädchen sein konnte. Mit einem mächtigen Satz begann er, die Verfolgung aufzunehmen. Er lief so rasend schnell, daß selbst sein Schatten Mühe hatte, ihm zu folgen.

Das Mädchen hatte sich inzwischen auf einen Sandhügel gesetzt, um sich einen Augenblick zu verschnaufen. Es konnte einfach nicht mehr. Als es aber in der Ferne den Riesen wie einen Sturmwind herannahen sah, sprang es schreiend auf und rannte weiter. Die Angst verlieh ihm neue, nie geahnte Kräfte, als ob es Flügel bekommen hätte. Schließlich erreichte Angelika den Rand der Heide und sah in der Ferne ein Haus liegen: ihr Haus. Nach sieben langen, bangen Jahren war es das erste Mal, daß sie es sah. Nein, Brammert durfte sie nicht wieder zu fassen bekommen! Noch nie war sie der Freiheit so nahe gewesen wie in diesem Augenblick. Wenn ihre Flucht jetzt mißlang, war es für immer aus, das wußte sie nur zu gut. Es war ihre einzige und zugleich letzte Chance. Flink wie ein Reh rannte sie über die Äcker weiter, die Äcker ihres Vaters. Aber der Riese war jetzt dicht hinter ihr, ob-

wohl er sich sonst nie aus der Heide herausgewagt hatte. Sie konnte schon seinen keuchenden Atem hören. Er hatte schon die Arme vorgestreckt, um sie zu packen. Sie stieß einen lauten Schrei aus, um dem Riesen Angst einzujagen, damit er die Verfolgung aufgab. Ganz dicht lag ihr Elternhaus nun vor ihr. Aber die Tür war verschlossen, und niemand hörte ihr Schreien. Doch da kam ihr der Wind zur Hilfe. Er blies so heftig gegen die Haustür, daß sie aufflog. Im selben Augenblick schoß das Mädchen, wie von Furien gehetzt, hinein. Aber Angelika war noch geistesgegenwärtig genug, die Tür hinter sich zuzumachen und den schweren Riegel davorzuschieben. Darauf brach sie zusammen und blieb wie tot im Hausflur liegen. Kaum hatte sie die Tür hinter sich zugeschlagen, da flog das Beil des Riesen mit einem heftigen Knall gegen die Haustür und blieb, genau in Kopfhöhe des Mädchens, darin stecken. Voller Wut und Enttäuschung hatte er Angelika diese schreckliche Waffe nachgeworfen, als er sah, daß sie ihm entwischte. Nun brüllte er mit heiserer, angsteinjagender Stimme:

„Ich schwöre dir Rache, Mädchen aus Orvelterveen! Nicht nur du, auch deine Eltern und alle Dorfbewohner werden deine Tat büßen, so wahr ich Brammert heiße!"

Brüllend vor Wut machte der Riese sich auf den Rückweg. Er mußte einsehen, daß er im Augenblick verloren hatte und nichts mehr ausrichten konnte.

Als die verängstigten Dorfbewohner in der bleichen, früh ergrauten jungen Frau, die dort im Hausflur lag, die seit vielen Jahren vermißte Angelika erkannten, schlug ihre Stimmung rasch um, und sie machten ein großes Fest aus der Rückkehr. Das Mädchen Angelika war bestimmt die stillste, aber auch die froheste Festteilnehmerin.

Brammert hatte sich in die Heide zurückgezogen, wo er sich sicher fühlte. Am Rande der Felder legte er sich hinter einen Sandhügel und blies die Wangen auf wie Dudelsäcke. Als er die Luft ausstieß, wirbelten große Sandwolken empor und flogen zum Dorf. Die feinen Sandkörner kamen dort als Staubregen herunter. Sie legten sich auf die Getreidehalme, auf die Dächer der Häuser, auf die Stallungen und Bauernhöfe. Sie drangen auch in die Häuser ein, wo alles mit einer dicken Sandschicht bedeckt wurde.

Wochen- und monatelang hielt dieser Sandregen an. Dann war das ganze Dorf eine einzige Sandwüste geworden. Es blieb den Bewohnern nichts anderes übrig, als ihre Häuser und ihr Dorf aufzugeben und sich ein neue Bleibe zu suchen. Auch Angelika mußte mit ihren Eltern ihr Haus, das sie so geliebt hatte, verlassen. Nicht lange danach war Orvelterveen vollständig vom Erdboden verschwunden. Das war die Rache des Riesen. Nun ist auch Brammert schon lange tot. Aber der größte und einsamste Teil der Drenter Heide heißt immer noch Ellertsfeld. Und der Hügel, hinter dem sich der wütende Brammert versteckte, als er Rache brütete, heißt noch heute Brammertshoop, das bedeutet, Brammerts Hoffnung.

Nachdem auch Brammert gestorben war, machte man sich auf die Suche nach den Fäden, die die beiden Riesen früher gespannt hatten. Aber nirgends war mehr eine Spur von den Fäden zu entdecken, und auch die Glöckchen, die daran gehangen hatten, blieben spurlos verschwunden. Ebenso blieb die Höhle, in der das Mädchen mit den Riesen gehaust hatte, unauffindbar.

War alles nur ein böser Traum gewesen? Aber die Bewohner von Drente behaupten noch heute, daß Ellert und Brammert gelebt haben.

## *Sticken ist eine schöne Freizeitbeschäftigung*

Habt ihr ab und zu einmal freie Zeit, mit der ihr nichts Rechtes anzufangen wißt? Feinsticken kann eine schöne Freizeitbeschäftigung sein. Dazu möchten wir euch hier ein paar Anregungen geben. Kommt bitte nicht damit, daß dies nur eine Sache für Mädchen sei. Sticken ist ein großartiges Hobby für Jungen und Mädchen, Männer und Frauen. Ja, ihr habt richtig gelesen, auch Männer befassen sich damit – zum Beispiel bekannte Schauspieler und große Geschäftsleute. Denn:

Sticken wirkt entspannend und beruhigend. Es wird sogar in manchen Sanatorien und Krankenhäusern als Teil der Behandlung eingesetzt.

Sticken kann man ganz und gar dem Lebensalter und der Auffassungsgabe anpassen. Die einfachsten Muster bereiten genauso viel Freude wie die komplizierteren.

Sticken beflügelt die Phantasie. Man kommt rasch zu eigenen Ideen und damit zu ganz persönlichen Werkstücken.

Sticken erfordert keine besondere Begabung. Es gehört nur Geduld dazu, und der feste Wille, das, was man begonnen hat, auch zu Ende zu bringen.

Sticken kann man noch mit anderen schönen Beschäftigungen verbinden, zum Beispiel mit Radiohören oder mit einem gemütlichen Schwätzchen unter Freunden.

Faulenzen wird, so seltsam es auch klingen mag, schnell langweilig. Wer von euch also noch etwas Zeit für ein neues Hobby übrig hat, sollte es einmal mit dem Sticken probieren. Auf den folgenden Seiten wird in Wort und Bild erläutert, wie man mit dem sogenannten „Plattstich“ die schönsten Wandbehänge herstellen kann.

## *Wir sticken einen Wandbehang*

Die Technik des Plattstichs ist so einfach, daß selbst Kinder des ersten Schuljahres schon dabei mitmachen können. Mit dem Plattstich kann man in senkrechter, waagerechter und schräger Richtung arbeiten. Nach Wunsch kann man kurze oder lange Stiche machen. Man arbeitet von links nach rechts und sticht von oben nach unten, wenn das Motiv waagerecht verläuft. Verläuft es senkrecht, so arbeitet man von oben nach unten und sticht von links nach rechts. Am besten macht man die Stiche nicht zu lang, weil sie sich dann leicht verschieben können. Bei einem großen Motiv muß man die große Fläche in lauter kleine Teilflächen unterteilen, die dann mit dem Plattstich ausgefüllt werden. Mehr Abwechslung erhält das Ganze, wenn man die Stiche in verschiedener Richtung macht. Dadurch entstehen Glanz- und Farbeffekte. Auf der Abbildung mit den Kästchen könnt ihr deutlich sehen, wieviele Möglichkeiten der Plattstich hergibt. Ihr könnt das Motiv, das ihr euch vorgestellt habt, auch zuerst aufzeichnen, damit ihr sicher seid, daß alles im richtigen Verhältnis zueinander steht (s. Zeichnung). Es ist schon großartig, welch schöne Stickarbeit aus einer einfachen Kinderzeichnung entstehen kann.

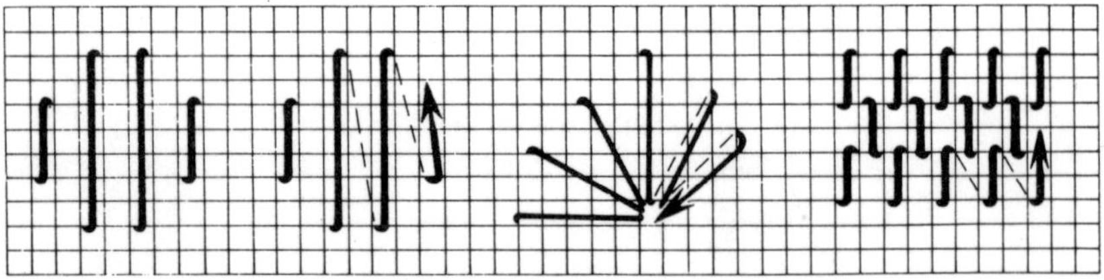

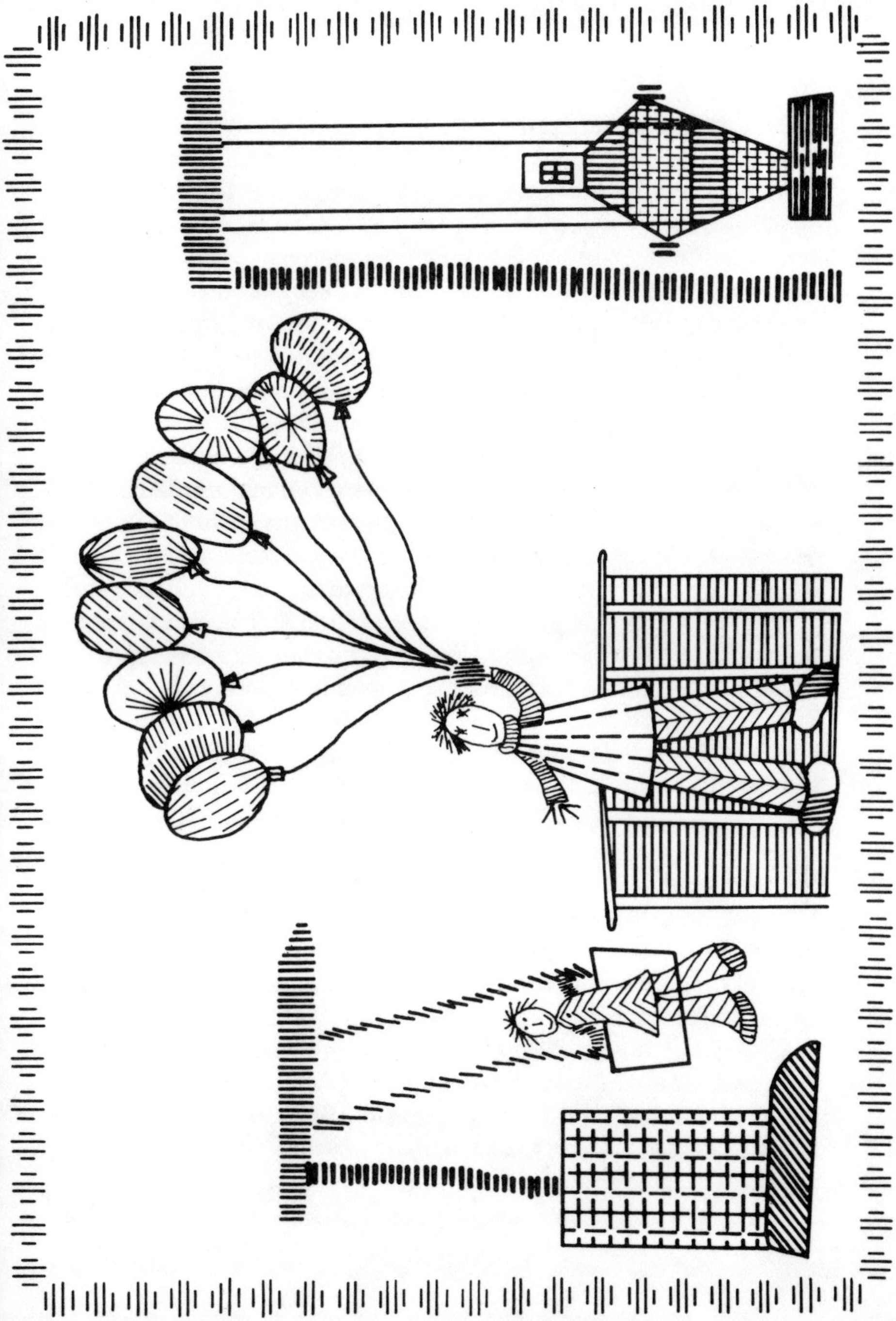

## *Der Laternenpfahl*

In vielen Städten kann man sie noch heute finden, die hübschen, kleinen Innenhöfe. Ein solcher Innenhof wird an drei Seiten von durchgehenden Häuserreihen umschlossen, in denen früher alte Weiblein wohnten. Die Vorderseite dieser kleinen, abgeschlossenen Welt bildet ein Torbogen mit einem großen, zweigeteilten Tor, manchmal auch ein hohes Eisengitter, damit nicht jeder einfach hineingehen oder -reiten konnte. Die hohe Obrigkeit war der Meinung, daß es dort drinnen ruhig zu sein habe, weil man glaubte, daß alte Menschen sehr viel Ruhe benötigen. Wie die alten Menschen selbst darüber dachten, danach wurde nicht gefragt. Vielleicht hätten gerade sie mehr Abwechslung gebraucht als Leute, die den ganzen Tag ihrer Arbeit nachgingen. Aber, wie gesagt, das kümmerte damals niemanden.

In späterer Zeit begann man dann mit dem Bau von Altersheimen, und seitdem wurden keine Innenhöfe mehr angelegt. Einige blieben noch als Altenwohnungen erhalten, andere wurden als Museum eingerichtet, in wieder anderen wurden Theaterstücke gespielt. Mitten darin oder auch wohl in der Nähe des Eisengitters konnte man fast immer eine gewaltige Steinpumpe finden. Wenn man den Schwengel auf und nieder bewegte, so schoß stoßweise Wasser heraus. In den meisten Fällen gehörten auch noch ein Stückchen Rasen und ein Blumenbeet zur Ausstattung des Hofes. Und selbstverständlich gehörte immer eine Laterne dazu. Wenn die Dämmerung hereinbrach, mußte er gut beleuchtet sein, damit keiner von den alten Menschen fiel und sich ein Bein brach. Dafür wollte nämlich keiner die Verantwortung tragen.

Mitten auf einem dieser Höfe stand vor vielen Jahren ein gewaltiger, starker Laternenpfahl. Sicher kennt ihr die alten Straßenlaternen noch: ein gewaltiger Eisenpfahl und darauf die eigentliche Laterne mit Glasscheiben und Eisenhelm. Hinter den Glasscheiben brannte das Gas- oder später auch das elektrische Licht. Oben am Pfahl befand sich vielfach noch ein eiserner

Querarm mit zwei runden Knöpfen, von dem keiner so recht wußte, wozu er eigentlich diente. Straßenjungen pflegten früher gern an Laternenpfählen emporzuklettern, um sich dann an die eisernen Seitenarme zu hängen. Heutzutage sind fast alle alten Straßenlaternen durch Peitschenmasten mit Neonlicht, wie wir sie alle kennen, ersetzt. Aber an einigen Stellen, wo sie besonders gut hinpassen, hat man sie doch noch erhalten. Dazu gehören zum Beispiel die alten Innenhöfe, von denen wir gerade sprachen.

Mitten auf einem solchen Höfchen stand also der Laternenpfahl, von dem ich jetzt erzählen will. Er stand schon sehr lange dort. Und weil er schon so lange dort stand, beschloß er eines Tages wegzulaufen. Er hatte einfach genug. Wovon? Ja, von allem. Er fand es stinklangweilig, Tag und Nacht immer nur auf dem gleichen Fleck zu stehen. Dabei war er so gut gebaut, daß er, wenn nicht einmal etwas ganz Besonderes passierte, gut und gerne noch weitere hundert Jahre auf dieser Stelle stehen konnte.

Der unzufriedene Laternenpfahl hieß Laternenheini. Diesen Namen hatte er sich natürlich nicht selbst gegeben, sondern der stammte vom Gemüsemann, der jeden Morgen sein Handwägelchen auf den Hof schob, um den alten Weiblein Obst und Gemüse zu verkaufen. Eines Morgens war der Mann mit seinem Handkarren mit voller Wucht gegen den Laternenpfahl gestoßen. Statt sich zu entschuldigen, tat er auch noch so, als sei dies die Schuld des Laternenpfahls gewesen. Wütend schrie er:

„Kannst du nicht aufpassen, du Laternenheini? Geh gefälligst zur Seite, wenn ich komme!"

Der Zusammenprall hatte einen ziemlichen Spektakel gemacht, und neugierig strömten die alten Leutchen aus ihren Häusern, um zu sehen, was vorgefallen war. Sie hatten gehört, wie der Gemüsemann den Laternenpfahl als „Laternenheini" beschimpfte und sich darüber amüsiert. Seit diesem Morgen hieß der Pfahl bei ihnen nur noch Laternenheini. Immer, wenn sie an ihm vorbeikamen, schauten sie kurz zu ihm herauf und sagten: „Guten Morgen, Laternenheini!" Oder: „Guten Abend, Laternenheini!"

Eigentlich war es so doch viel netter, als wenn die Leute immer nur steif und stumm vorübergingen, ohne den Laternenpfahl zu beachten. Aber trotzdem wurde es dem Laternenheini allmählich

zu langweilig auf seinem Plätzchen. Während des Tages schlief er viel, weil er ja des Nachts kein Auge zutun konnte. Er wurde nur einen Augenblick wach, wenn der Gemüsemann, der Bäcker oder der Kolonialwarenhändler ihre Handwagen auf den Hof schoben. Aber den größten Teil des Tages war es doch verflixt stumpfsinnig.

Am Nachmittag oder gegen Abend war ein bißchen mehr zu erleben. Aber . . . fast immer dasselbe. Er wußte eigentlich immer schon vorher, was nun passieren würde. Auch er hatte all den alten Frauen Namen gegeben, um sie unterscheiden zu können. Ihre wirklichen Namen wußte er nicht, da er sie nur selten hörte und sie ihm auch ganz egal waren. So hatte er eine von ihnen Frau Nasobehm genannt, weil sie den lieben langen Tag zum Fenster hinaussah, wobei ihre lange, spitze Nase dauernd geschäftig hin- und herfuhr, so als ob sie alles erschnüffeln wollte, was auf dem Hof vorging. Eine andere hieß bei ihm nur Frau Sansevieria, weil ihre Fensterbank voll von üppig wucherndem Grünzeug stand. Er hatte vom Blumenmann gehört, daß das Zeug Sansevieria hieß. Dann kannte er noch eine Frau Glotzauge, die jeden durch einen Spalt ihres zugezogenen Vorhanges aufmerksam musterte. Frau Sprinter kam immer wie der Wirbelwind zum Fenster gerannt, wenn sich auf dem Hof etwas rührte. Frau Jammerkreuz klagte ständig über Schmerzen im Rücken, während Frau Zimperzeh, wenn ihr der große Zeh wehtat, den Beginn der Regenzeit irgendwo in Afrika ankündigen konnte. Ja, so hatte der Laternenheini

noch vielen von ihnen einen Spitznamen gegeben, ohne daß sie es wußten.

Niemand hatte auch nur die leiseste Ahnung davon, daß Laternenheini alles wußte, was auf dem Hofe vorging. Er wußte, daß Frau Nasobehm immer gegen acht Uhr ihr Häuschen verließ, um zum Häuschen von Frau Glotzauge hinüberzugehen. Dort trank sie dann eine Tasse Kaffee mit sehr viel Zucker, immerhin drei gehäufte Teelöffel. Und wenn Frau Glotzauge mal einen Augenblick nicht hinschaute, tat sie noch zwei weitere Teelöffel hinein, denn Frau Nasobehm war ein furchtbares Süßmaul. Anschließend wurden die Neuigkeiten des Tages besprochen. Wenn an warmen Sommertagen das Fenster ein Stückchen offen war, konnte der Laternenheini jedes Wort verstehen. Frau Glotzauge war nämlich ein bißchen taub, so daß Frau Nasobehm ziemlich schreien mußte, um sich verständlich zu machen.

Frau Sprinter, Frau Glotzauge und Frau Jammerkreuz hielten auch regelmäßig eine Zusammenkunft unter der Laterne, mitten auf dem Platz ab. Sie glaubten, daß dort niemand ihre aufregenden Geschichten hören würde und dachten nicht daran, daß der Laternenpfahl alles mitbekam.

Man kann also gar nicht behaupten, daß dort auf dem Innenhof niemals etwas passierte. Andererseits war das, was dort vor sich ging, nicht so weltbewegend, daß es einem den Schlaf hätte rauben können. Der Laternenheini hatte auf jeden Fall längst genug davon, weil es immer dasselbe war. Die Geschichten vom wehen Rücken der Frau Jammerkreuz, vom empfindlichen Zeh der Frau Zimperzeh und vom nervösen Enkel der Frau Nasobehm kannte er in- und auswendig. Wäre er ein Mensch gewesen, so hätte man sagen können, sie hingen ihm zum Halse heraus. Und darum beschloß er eines Tages, einfach davonzulaufen.

Es war an einem Freitagabend um Viertel vor acht. Der Hof war leer, und es wurde langsam dunkel. Zufällig sah auch gerade keine der alten Frauen zwischen den Gardinen zum Fenster hinaus. Um nicht zu viel Aufsehen zu erregen, verlöschte der Laternenheini zuerst seine Laterne und zog dann seine Eisenfüße aus den Pflastersteinen. Dann schlich er vorsichtig zu dem Gitter. Da strauchelte er und wäre fast über die alte Steinpumpe gefallen.

„He, kannst du nicht aufpassen?“

Es war die Pumpe, die diese unfreundlichen Worte sprach. Aber der Laternenheini war nicht gewillt, sich beschimpfen zu lassen. Schließlich war er doch jemand! Darum erwiderte er drohend:

„Wenn du das noch einmal sagst, drehe ich dir den Arm zehnmal um.“

Er sprach mit heiserer, tiefer Stimme, denn die Pumpe sollte nicht merken, wer er war. Es schien auch ganz gut zu klappen, denn sie schwieg sofort erschrocken. Rasch setzte er seinen Weg fort und stand kurz darauf draußen auf dem Bürgersteig. Das war ein gefährlicher Augenblick, denn auf diesem Bürgersteig stand Flackertopf, ein Kollege von Laternenheini, nur in viel modernerer Ausführung. Wie ein Schwanenhals wuchs er aus dem Asphalt heraus, und oben hatte er keinen gläsernen Laternenkopf mit einem Eisenhut darauf, sondern nur eine längliche Vertiefung, in der sich eine Leuchtröhre befand. Die Leuchtröhre schien allerdings nicht ganz in Ordnung zu sein, denn sie begann manchmal zu flackern. Deshalb hatte Laternenheini seinen Kollegen von weitem immer mit Flackertopf angeredet.

Laternenheini wollte sich unauffällig an ihm vorbeimachen, aber kaum fiel das Licht auf ihn, da hörte er Flackertopf verblüfft ausrufen:

„Was hat denn das zu bedeuten? Was machst du denn hier, Laternenheini?“

Aber der Angesprochene ging rasch weiter, ohne ein Wort zu sagen. Flackertopf begriff nicht, was hier vorging. Er hatte schon von weitem gesehen, daß das Licht seines Kollegen ausgegangen war, hatte aber geglaubt, daß es kaputt sei. Sollte er sich getäuscht haben, und der Angesprochene war gar nicht Laternenheini gewesen? Nun, er sollte es vorläufig nicht erfahren. Der reisende Laternenpfahl war inzwischen weitergeschlurft und befand sich kurz darauf auf der Hauptstraße. Kinder, war das ein Leben und eine Helligkeit! Die Schaufenster strahlten wie die Sonne.

Ganz vorsichtig schob er sich nun weiter voran, immer nur, wenn niemand auf ihn achtete. Die Leute sollten nicht merken,

daß er sich bewegte. Er war eigentlich auf der Suche nach einem besonders schönen, interessanten Plätzchen, wo er den Rest seines Lebens stehen wollte. Ha, dort drüben, das schien ihm geeignet zu sein.

Schrittchen für Schrittchen überquerte er die Straße. Er war gerade bis zur Mitte gekommen, als ein vorübergehender Schutzmann auf ihn aufmerksam wurde. Der Mann blieb ganz verdattert stehen. Ein Laternenpfahl mitten auf der Fahrbahn? Wer hatte sich denn diesen haarsträubenden Unfug ausgedacht? Das war doch nicht möglich! Das war ja eine große Gefahr für den Verkehr!

Der Schutzmann besann sich nicht lange, sondern kam sogleich über die Straße gelaufen, auf der Laternenheini stocksteif stehengeblieben war. Er rüttelte und zog an dem Pfahl, aber der bewegte sich keinen Zentimeter.

„Das muß ich sofort der Wache melden", sagte der Schutzmann mit vor Anstrengung rotem Kopf. „Der Laternenpfahl muß hier so rasch wie möglich entfernt werden, bevor ein Unglück geschieht!"

Mit großen Schritten rannte er davon. Kaum war der Schutzmann um die Ecke gebogen, da passierte es auch schon. Der Laternenpfahl wurde von einer Taxe angefahren. Er ächzte und seufzte und bog sich um. „Mein Rücken, mein armer Rücken", stöhnte er. Aber der Taxifahrer verstand ihn nicht. Er stieg aus und begann zu schimpfen.

„So ein Wahnsinn!" tobte er. „Wie kann man denn nur einen Laternenpfahl mitten auf die Straße setzen! Das werde ich sofort der Polizei melden!"

Sein Taxi mußte der Mann stehenlassen, denn es sah aus wie eine Ziehharmonika und konnte nicht mehr gefahren werden. Mit hastigen Schritten ging der Schofför in die gleiche Richtung, in die der Schutzmann verschwunden war. Es kostete den Laternenpfahl einige Mühe, sich wieder aufzurichten, aber es gelang ihm schließlich doch. Das kam, weil er so gesund und stark war und auf dem stillen Platz ein so ruhiges Leben geführt hatte. Aber der Schreck hatte ihn doch gepackt. Er wußte, daß er jetzt schleunigst machen mußte, daß er hier verschwand, denn es lagen jetzt schon zwei Anzeigen gegen ihn vor.

Vorsichtig schlurfte Laternenheini weiter, bis er endlich den großen Marktplatz erreichte. So einen wundervollen, großen Platz hatte er noch nie im Leben gesehen. Wenn er mitten darauf seinen Standort wählen würde, konnte ihm nichts entgehen, was sich im Herzen der Stadt abspielte. Gesagt, getan. Oh, wie genoß er das große Abenteuer! ‚Kinder, Kinder', dachte er begeistert, ‚hier kann man ja in Minuten mehr erleben als auf dem stillen Innenhof in Jahren. Hier bleibe ich.'

Aber er stand noch nicht zehn Minuten am neuen Standort, da passierte etwas. Ein Herr lief gegen ihn und verlor seinen Hut dabei. Während er schimpfend den Hut aufhob und sich die Beule auf der Stirn rieb, die er bei dem Anprall davongetragen hatte, wetterte er:

„Ein Laternenpfahl, mitten auf dem Marktplatz? Die Stadtverwaltung hat doch manchmal verrückte Ideen. Als ob wir hier nicht schon Laternen genug hätten. Außerdem paßt er gar nicht zu den anderen Laternenpfählen hier, sie sind alle modern. Und Licht gibt er auch nicht. Nein, das muß ich dem Bürgermeister sagen, das Ding gehört hier nicht hin."

Kurz nachdem der erboste Herr weitergegangen war, kam ein lang aufgeschossener Junge vorbei. Er blickte zu Laternenheini empor und sagte:

„Also, wenn du das leuchten nennst, dann kannst du einpakken. Wollen doch mal sehen, ob man dagegen nichts tun kann." Im Handumdrehen war der Junge den Pfahl heraufgeklettert. Durch Ziehen an der kleinen Strippe versuchte er, ob er das Licht nicht heller brennen lassen könnte. Aber es gelang ihm nicht. Das Licht brannte nicht heller. Das hätte Laternenheini ihm auch gleich sagen können, denn sein Reservelicht war fast verbraucht, und er war ja nicht mehr an das Elektrizitätsnetz angeschlossen. Es würde also nicht mehr lange dauern, dann würde die Glühlampe überhaupt kein Licht mehr geben.

„Das ist ja komisch", hörte er den Jungen murmeln. „Das muß ich meinem Vater sagen. Er ist Direktor des Elektrizitätswerkes und wird sicher Rat wissen."

Als der Junge sich vom Pfahl herabgleiten ließ, kam gerade wieder ein Schutzmann vorbei.

„Was machst du denn da?" fragte er barsch. „Wieso bist du auf den Laternenpfahl gestiegen? Und was hast du mit dem Licht gemacht?"

„Ich habe nur versucht, das Licht heller zu machen, Herr Wachtmeister, aber es ging nicht. Mit der Laterne muß etwas nicht stimmen. Seit wann steht sie eigentlich hier?"

Der Schutzmann kratzte sich hinter dem Ohr. Donnerwetter, der Junge hatte ja recht, hier hatte doch nie eine Laterne gestanden! Das mußte er dem Bürgermeister sagen! Eine Stunde später würden die Kirmesleute kommen und mit ihren Wagen auf den großen Platz fahren. Sie hatten den ganzen Marktplatz für eine Woche gepachtet. Genau an der Stelle, wo das große Zirkuszelt hinkommen sollte, stand nun die alte Straßenlaterne. Nein, das ging nicht. Die mußte dort so schnell wie möglich verschwinden.

Das alles sagte der Schutzmann zu dem Jungen und zu sich selbst. Aber auch Laternenheini hatte die ganze Unterhaltung Wort für Wort verstanden. Er wußte, daß er schleunigst wieder das Weite suchen mußte. Sonst würde er am Ende vielleicht noch auf einen Lastwagen geladen und auf den Schrotthaufen vor den Toren der Stadt geworfen werden! Von dort war es viel zu weit, zu seinem Hof zurückzulaufen. Jetzt ging es noch, aber er mußte sich sehr beeilen.

Die Sache glückte, und kaum eine halbe Stunde später stand er wieder auf dem Bürgersteig vor dem alten Innenhof.

„Also, du bist es doch gewesen, den ich vorhin gesehen habe!" rief Flackertopf aufgeregt, als der volle Laternenschein auf den Laternenheini fiel. „Warum bist du denn so heimlich fortgeschlichen?"

„Fortgeschlichen? Wieso fortgeschlichen? Darf ich nicht auch einmal etwas erleben? Kann ich nicht einmal einen Abend ausgehen? Du hast doch hier einen viel interessanteren Platz als ich. Ich erlebe bei mir nie etwas Besonderes."

„Erzähl doch mal, was du erlebt hast, Kamerad."

„Nein, nicht jetzt. Jetzt bin ich zu müde. Ich komme schon noch einmal vorbei. Mach's gut!"

Als der Laternenheini das gesagt hatte, schlurfte er mühsam weiter. Er war total erschöpft und konnte kaum noch. Aber so gegen halb zehn stand er doch wieder an seiner früheren Stelle, mitten auf dem alten Innenhof. Er wühlte seine Füße tief in den Sand und schloß seine Zehen wieder fest an die elektrischen Leitungen, die dort unter der Erde verliefen. Nachdem das geschehen war, schoß plötzlich ein heller Strahl aus der Laterne und tauchte den stillen Hof in ein mildes Licht. Im selben Augenblick kam Frau Nasobehm aus dem Häuschen von Frau Glotzauge, mit der sie die letzten Neuigkeiten ausgetauscht hatte. Laternenheini hörte das

Glotzauge sagen: „Nanu, haben Sie mir nicht vorhin erzählt, man hätte unsere gute alte Laterne weggeholt?"

Frau Nasobehm starrte den Laternenpfahl an, als ob sie ein Wunder sähe. Dann hob sie beide Hände und rief entrüstet: „Das soll ich gesagt haben? Erzählen Sie doch nicht solche Märchen!"

Nach diesen Worten überquerte Frau Nasobehm erbost den Platz. Als sie aber an dem Laternenpfahl vorbeikam und sich überzeugt hatte, daß niemand sie sah, strich sie ihm über seinen Eisenrücken. Dabei murmelte sie:

„Bin ich froh, daß ich mich geirrt habe, denn wir können dich hier nicht entbehren. Was fingen wir ohne dich an?"

Diese Worte taten dem braven Laternenheini so wohl. Das war doch ganz etwas anderes als das, was die Schutzleute, der Junge und der erboste Herr zu ihm gesagt hatten. Hier wurde er gebraucht und anerkannt, das kam ihm nun erst zum Bewußtsein. Es tat ihm jetzt fast leid, daß er jemals den Entschluß gefaßt hatte, auf immer davonzugehen.

Am nächsten Tag aber machte auf dem stillen Innenhof das Gerücht die Runde, daß Frau Nasobehm doch bedenklich alt zu werden beginne, weil sie gegenüber Frau Glotzauge behauptet habe, die Laterne auf dem Hof sei verschwunden. Flüsternd, hinter vorgehaltener Hand, erzählte es eine der anderen. Nur Frau Nasobehm erfuhr es verständlicherweise nicht. Außerdem hatten sie alle hinter den Gardinen beobachtet, wie Frau Nasobehm, als sie sich unbeobachtet glaubte, den Laternenpfahl gestreichelt hatte. Man stelle sich vor, gestreichelt! Oh, wenn das nur gutging! Der Laternenheini hätte sie gern verteidigt. Aber wie? Außer Flackertopf konnte in der Gegend niemand die Laternensprache verstehen.

## *Schnellzeichner ans Werk*

Zeichne mit einem Strich, das heißt also, ohne den Bleistift oder Kugelschreiber abzusetzen, zwei Birnen. Das geht nicht, meinst du? Sieh dir nur einmal die Vorlage genau an. Die Sache gelingt immer, wenn man an einem der beiden schwarzen Punkte anfängt. Du kannst dir auch selber ein paar weitere Beispiele ausdenken.

# *Die Geschichte vom seltsamen Zwerg Wipseldipsel*

Seit Jahrzehnten, vielleicht auch seit Jahrhunderten, wohnten die Langbartzwerge in Kuckucksdorf. Über Tag arbeiteten sie fleißig, und abends hockten sie gemütlich zusammen, plauderten, legten Karten oder machten Brettspiele. Auch wurde in Kukkucksdorf viel gebastelt. Faulenzen lag den Zwergen nämlich nicht. Es kam vor, daß der Schuster den Schuh des Bäckers bei einer guten Tasse Kaffee reparierte, während ihm der Bäcker ein köstliches, selbst gebackenes Stück Torte spendierte. Oder der Maler verpaßte der Küche des Metzgers einen neuen Anstrich, und der steckte ihm ein paar warme Würstchen zu. So half jeder dem anderen, so gut er es konnte, und sie waren alle recht froh und zufrieden dabei. Sie hofften nur, daß es immer so bleiben würde.

Wie war das Dorf eigentlich zu seinem Namen gekommen? Ja, das kam so. In den Wäldern rings um das Dorf wohnten natürlich auch eine Menge Vögel. Der Anführer der Vögel war Joris Kukkuck. Vor langer Zeit war er einmal sehr krank gewesen. Als der Zwergendoktor ihn abgemagert und zitternd vor Fieber im Walde fand, hatte er ihn ins Dorf mitgenommen. Dort hatte er dem kranken Vogel einen Trank aus vielerlei Kräutern gemixt, und binnen drei Tagen war Joris wieder springlebendig gewesen. Aus Dankbarkeit hatte er daraufhin versprochen, daß er im höchsten Baum des Waldes über das Dorf wachen würde. Der höchste Baum stand zufällig am Rande des Dorfes. Dort bezog er Posten und warnte die Zwerge, wenn irgendeine Gefahr im Anzug war. Das war glücklicherweise nicht oft der Fall. Wenn sich aber doch einmal etwas Verdächtiges zeigte, so rief er an die hundertmal hintereinander „Kuckuck“. Deshalb hatten die Zwerge ihr Dorf Kuckucksdorf genannt.

So ging alles ruhig seinen Gang. Es geschah eigentlich nie etwas Besonderes, aber die kleinen Leute von Kuckucksdorf verlangten auch gar nicht nach aufregenden Ereignissen, sie liebten die Ruhe.

Aber eines Morgens im Frühling geschah es dann. Joris Kukkuck begann so laut zu rufen, daß es jeder hören mußte. Nicht dreimal, sondern wohl hundertmal oder noch öfter. Es war kein Zweifel möglich, es mußte irgendeine Gefahr drohen. Aber welche denn nur?

Alle Zwerge blieben in ihren Häuschen, das war so vereinbart, wenn Gefahr drohte. Nur der Zwerg Kugelbauch verließ sein Pilzhäuschen und spazierte seelenruhig in eine bestimmte Richtung, so als ob er schon wußte, woher die Gefahr drohte. Kugelbauch war der älteste der Zwerge. Er hatte ein etwas aufgedunsenes, rotes Gesicht mit einer dicken Kartoffelnase. Sein Bauch war

so kugelrund und sprang so weit vor, daß er, wenn er einmal einen längeren Spaziergang machte, ein Handwägelchen mitnahm. Diesen Wagen hatte Weißschopf, der Zimmermann, eigens für ihn angefertigt. Auf ihn konnte er seinen Bauch legen und ausruhen lassen, während er selber ging, so daß er nicht so schnell müde wurde.

Als der kleine, dicke Mann nun langsam an den Pilzhäuschen seiner Mitdorfbewohner vorüberging, tauchte plötzlich zwischen den Bäumen ein fremder Zwerg auf. Er sah so aus wie die meisten anderen Zwerge, aber man merkte doch sofort, daß er nicht aus Kuckucksdorf war, denn er war viel jünger als die meisten Einwohner dort. Die spähten natürlich alle verstohlen aus ihren Behausungen, weil sie wissen wollten, was los war. Als sie sahen, daß es nur um einen fremden Zwerg ging, atmeten sie erleichtert auf. Löwen oder Tiger hatten sie natürlich nicht erwartet, denn die waren im ganzen Land nicht zu finden. Aber man stelle sich nur einmal vor, Menschen hätten ihr Dörfchen entdeckt! Dann hätten sie alle die Flucht ergreifen müssen, denn Menschen dürfen nun einmal nie erfahren, wo Zwergensiedlungen zu finden sind. Dennoch war die Ankunft des fremden Männleins ein ungewohntes Ereignis. Sie hatten hier noch nie Besuch von anderen Heinzelmännchen gehabt. Das war auch nicht Brauch bei ihnen. Jeder blieb in seinem eigenen Dorf und ließ die anderen in Ruhe. Was also wollte der Fremdling hier? Nun, das würden sie sicher bald von Kugelbauch erfahren. Warum gerade er als einziger hinausgegangen war, als Joris Alarm gerufen hatte, wußten sie genau. Das war eine ganz klare Sache: Er war der Zauberer des Dorfes.

Inzwischen hatte das unbekannte Männchen den dicken Zwerg auch erspäht.

„Hallo, Dicker. Ich heiße Wipseldipsel, und wie heißt du?"

„Kugelbauch ist mein Name", erwiderte der dicke Zwerg ein wenig feierlich. „Was willst du denn hier?"

„Ich? Ach, ich wollte mich bei euch ein Weilchen einquartieren, Nein, du brauchst dich deswegen nicht zu erschrecken, denn ich bleibe bestimmt nicht lange. Es scheint mir hier ein trockener, stinklangweiliger Laden zu sein, wo man nichts erleben kann. Verstehst du, was ich meine?"

„Natürlich verstehe ich, Wipseldipsel. So klein du bist, deine Sprache läßt an Deutlichkeit nichts zu wünschen übrig."

„Na ja, auch eine deutliche Sprache ist lange nicht für jeden verständlich. Wie heißt du noch?"

„Kugelbauch, wenn's recht ist."

„Nee, ich finde, daß der Name nicht gut gewählt ist. Sieh dich doch an, du hast doch nicht bloß einen dicken Bauch. Du bist überall fett und siehst auch ein bißchen blöd aus. Dicker, fetter Dussel, würde viel besser zu dir passen. So will ich dich auch nennen."

„Na ja, wenn du es sagst, wird's schon stimmen", meinte der alte weise Zwerg und hob die Schultern. Inzwischen waren auch die anderen Zwerge aus ihren Häuschen gekommen. Sie fanden, daß doch eigentlich gar keine Gefahr drohte. Warum nur hatte Joris sich so angestellt?

Als sie hörten, wie der Fremdling mit Kugelbauch sprach, glaubten sie zuerst, sich verhört zu haben. So etwas war noch

nicht da gewesen! Wie konnte dieser junge Schnösel es wagen, so mit ihrem Zauberer umzugehen? Natürlich, daß er der Zauberer war, konnte der Fremdling nicht wissen. Aber selbst dann hätte es sich gehört, einem so viel älteren Zwerg gegenüber einen anderen Ton anzuschlagen. Und er hatte ihm einfach einen Spitznamen gegeben, und was für einen! Verwunderlich, daß Kugelbauch sich das gefallen ließ. Aber der Zauberer blieb ganz ruhig und lächelte sogar ein bißchen.

„Du kannst mich nennen, wie du magst, Kleiner", sagte er ruhig. „Komm nur mit, dann zeige ich dir, wo du wohnen kannst während deines Aufenthaltes hier. Von mir aus kannst du bleiben, wenn du keine schlimmen Streiche ausheckst."

Er brachte den fremden Zwerg zu einem leerstehenden Pilzhäuschen. Wipseldipsel sagte, daß er sich zuerst eine Stunde hinlegen wolle, denn der weite Weg hierher habe ihn sehr ermüdet. Woher er kam, davon sagte er jedoch nichts. Der Zauberer fragte ihn auch nicht danach, denn er wußte es längst. Zauberer haben das nun mal so an sich, daß sie fast alles wissen.

Nachdem der fremde Zwerg die Tür seines Häuschens hinter sich geschlossen hatte, ging Kugelbauch zum Dorfplatz zurück. Dort standen alle Zwerge von Kuckucksdorf und warteten gespannt auf ihn. Aber noch bevor einer eine Frage stellen konnte, sagte der weise Mann:

„Ihr müßt so tun, als ob ihr das alles ganz normal findet. Er darf auf keinen Fall wissen, daß ich der Zauberer bin, das müßt ihr euch unbedingt gut einprägen. Im übrigen warten wir ruhig ab, was geschehen wird. Aber wir können uns auf merkwürdige Dinge gefaßt machen."

Worin diese merkwürdigen Dinge bestehen würden, das sagte Kugelbauch nicht. Als er kurz darauf wieder in sein Häuschen ging, blieben die anderen bärtigen Männlein noch eine ganze Weile auf dem Platz stehen und redeten und tuschelten. Sie hätten gar zu gerne etwas mehr von der Sache gewußt. Aber wenn Zauberer Kugelbauch nicht mehr sagen wollte, konnte man es aus ihm auch nicht herausholen, das wußten sie. Also blieb ihnen nur übrig, sich in Geduld zu üben.

Nun, allzulange wurde ihre Geduld nicht auf die Probe gestellt. Kaum eine Stunde später, als sie alle längst wieder ihrer Arbeit nachgingen, kam Wipseldipsel schon wieder zum Vorschein. Laut singend ging er die Dorfstraße entlang. Das tat er nur, um Aufmerksamkeit zu erregen. Sie sollten ihn alle sehen, darauf kam es an.

Nun, sie taten ihm auch den Gefallen und strömten alle wieder aus ihren Häuschen hervor und sahen ihn. Mit offenem Mund starrten sie ihn an, als er zur Behausung von Kugelbauch schritt und dort laut singend stehenblieb. Der Zauberer kam heraus und sagte ein bißchen mißmutig:

„Mußt du denn unbedingt so einen Lärm machen? Weißt du nicht, daß ältere Zwerge immer ein Mittagsschläfchen halten?"

„Nein, bei uns im Dorf kennt man so etwas nicht, bei uns ist alles anders. Zum Schlafen ist ja schließlich die Nacht da. Wie kann man sich denn mitten am Tage hinlegen? Kinder, Kinder, ist das ein öder Laden hier."

„Wenn du es sagst, wird's schon stimmen, Wipseldipsel. Aber sag einmal, was hast du denn für eine komische Zipfelmütze auf?"

Auch die anderen Zwerge hatten das bemerkt. Wipseldipsel hatte einfach den Zipfel von seiner Mütze abgeschnitten und dann die Mütze falsch herum aufgesetzt. So sah sie von oben aus, als ob man in ein großes, trichterförmiges Loch blickte.

„Ich habe eine komische Zipfelmütze auf? Wie kommst du denn auf so etwas, dicker, fetter Dussel? Bei uns tragen sie alle die Mützen so. Das sieht doch viel lustiger aus! So wie ihr sie aufhabt, ist doch vollkommen unmodern. Das trug man vor hundert Jahren. Bei uns könntet ihr euch damit nicht blicken lassen, sonst würdet ihr furchtbar ausgelacht."

„Wenn du es sagst, wird es schon stimmen", sagte der Zauberer zum soundsovielten Male an diesem Tag. Darauf wandte er sich ab und ging wieder in sein Häuschen. Die anderen Zwerge sahen sich bedeutsam an und murmelten:

„Was mit ihm los ist, wissen wir nicht, aber sicher ist, daß er ein komischer Kauz ist."

Als das fremde Männlein merkte, daß jeder seine seltsame Mütze gesehen hatte, lief es wieder singend in sein Häuschen zurück. Als Wipseldipsel die Tür hinter sich zugeschlagen hatte, mußte er furchtbar lachen. Wie hatte er doch all die Zwerge hier zum Narren gehalten! Selbst der uralte Wichtelmann hatte ihm geglaubt, daß sie bei ihm daheim alle die Mützen so trügen. Das war natürlich purer Unsinn. Aber er würde ihnen noch mehr solcher Bären aufbinden.

Eine Viertelstunde später, als jeder wieder an die Arbeit zurückgekehrt, und der alte Zauberer erneut in Schlaf gesunken war, hatte er wieder einen komischen Einfall. Er verließ erneut sein Häuschen und begab sich zur Wohnung des Zauberers, vor der er wieder laut singend stehenblieb. Kugelbauch fuhr aus dem Schlaf und schlurfte erbost nach draußen. Als er Wipseldipsel ansah, konnte er zunächst vor Verblüffung kein Wort hervorbringen. Dann meinte er kopfschüttelnd:

„Du hast aber deine Schuhe komisch angezogen. Sie sitzen ja falsch herum an deinen Füßen. Der Absatz ist vorne, und die Spitzen zeigen nach hinten. Nein, so etwas!“

„Verkehrt herum nennst du das? Das zeigt nur wieder, daß du keine Ahnung von der Sache hast, dicker, fetter Dussel! Jeder Zwerg bei uns im Dorf trägt die Schuhe so. Nur noch ganz rückständige, alte Kerle laufen so herum wie ihr hier.“

„Wenn du es sagst, wird es schon stimmen, Wipseldipsel.“

Der Zauberer drehte sich wieder um und ging in sein Häuschen. Aber hinter der verschlossenen Tür hörte er den seltsamen Zwerg noch laut lachen. Inzwischen ruhte die Arbeit in Kuckucksdorf. Alle Bewohner waren zusammengeströmt, um sich über das seltsame Benehmen des Besuchers Wipseldipsel zu unterhalten. Sie verstanden das alles ganz und gar nicht, hatten aber das bestimmte Gefühl, daß sich noch mehr seltsame Dinge ereignen würden. Und diese Ahnung sollte nicht trügen, denn schon kurz darauf kündigte der Gesang von Wipseldipsel an, daß eine neue Überraschung fällig war. Auch dieses Mal wollte der Fremde sich zuerst wieder Kugelbauch zeigen, denn wenn er auch nicht wußte, daß das der Zauberer war, so sagte er sich doch, daß es der bedeutendste Einwohner von Kuckucksdorf sein müsse.

„Nanu, was hast du denn mit deinem Rock gemacht?" fragte Kugelbauch brummig und verdutzt, als Wipseldipsel vor ihm stand. Der fremde Zwerg trug seine rote Jacke falsch herum, das heißt, er hatte die Knöpfe auf dem Rücken zugemacht.

„Was soll ich denn mit meinem Rock gemacht haben? Jetzt hör bloß auf, dicker, fetter Dussel! Bist du wirklich so rückständig, daß du nicht einmal weißt, wie ein Zwerg von heute seine Jacke trägt? Komm mal zu uns ins Dorf, da wirst du sehen, daß nicht einer die Jacke anders anzieht als ich. Nur ihr alten Mummelgreise in Kuckucksdorf lauft noch so unmöglich herum."

„Wenn du es sagst, wird es schon stimmen, Wipseldipsel."

Wieder ging der Zauberer achselzuckend hinein und wurde von dem fremden Zwerg herzhaft ausgelacht. Aber die übrigen Zwerge aus Kuckucksdorf wurden langsam böse. Nicht nur auf den ungebetenen Fremdling, sondern ein bißchen auch auf den Zauberer. Sie konnten nicht begreifen, daß Kugelbauch sich das alles einfach gefallen ließ. Merkte er denn gar nicht, wie der freche Kerl einen Narren aus ihm machte? Hatte er vielleicht seine Zauberkraft verloren? Sollte der fremde Zwerg am Ende gar recht haben, daß er wirklich nur ein dicker, fetter Dussel war, und sie alle in einem total rückständigen Dorf wohnten?

Viel Zeit, darüber nachzudenken blieb ihnen nicht, denn kurz darauf erschien ihr Gast schon wieder laut singend auf der Bildfläche.

„Mein Gott, wie sieht denn dein Bart aus?" fragte Kugelbauch verstört, als ihn Wipseldipsel zum soundsovielten Male aus dem Schlaf aufscheuchte. „Du hast ja lauter Zöpfe hineingeflochten! Das sieht ja vielleicht aus!"

„Natürlich, das kannst du ja auch nicht wissen, daß moderne

Zwerge ihre Bärte so tragen", versetzte Wipseldipsel lachend. „Ich hab's dir ja gleich gesagt, daß du für mich nichts als ein dikker, fetter Dussel bist. Keine Ahnung hast du, was in der Welt von heute los ist. Und deine Mitzwerge sind kein Haar besser. Ihr habt hier alle die Zeit verschlafen."

„Wenn du es sagst, wird es schon so sein, Wipseldipsel. Aber jetzt würde ich ganz gern mal ein Stündchen ungestört schlafen. Wenn du der Meinung bist, daß wir hier noch mehr falsch machen, dann sag es mir doch bitte jetzt gleich. Wenn du mir alles hintereinander erzählen würdest, könnte ich nachher endlich ungestört meinen Mittagsschlaf halten."

„Ja, bei uns machen sie einfach alles anders als hier. Wir gehen nicht auf den Beinen, sondern auf den Händen, und wenn wir wirklich mal schlafen, dann schlafen wir mit offenen Augen, damit uns nichts entgeht. Aber ihr hier, ihr schlaft ja Tag und Nacht und habt die Augen dabei zu. Darum seid ihr auch alle so dumm. Wenn ihr zum Beispiel auf einem Kaninchen reitet, wie macht ihr das?"

„Ganz normal, Wipseldipsel, ganz normal."

„Ach was, das tut doch heute keiner mehr. Ihr setzt euch also so auf den Rücken des Kaninchens, daß ihr es bei den Ohren packen könnt? Das ist falsch, mein Lieber, total falsch. Auf einem Karnickel muß man so sitzen, daß man es am Schwanz lenken kann, das darfst du mir glauben. Das ist bei uns normal."

„Na, gut, Wipseldipsel. Und was macht ihr noch anders?"

„Alles, einfach alles. Moment, ich muß mal einen Augenblick nachdenken. . ."

„Jetzt sage nur nicht, ihr könntet bei euch auch noch ein bißchen zaubern. . . ?"

„Haha, ein bißchen ist gut, natürlich können wir das. Ich kann sogar meine Nase länger machen, wenn ich daran ziehe."

„Wird schon stimmen, wenn du es sagst, Wipseldipsel. Aber findest du nicht auch, daß du so ein tolles Zauberkunststück eigentlich einmal vorführen müßtest? Für euch ist das ja alles normal, aber du mußt bedenken, daß wir hier in unserem rückständigen Dorf so etwas nie zu sehen bekommen. Wir wären ganz verrückt darauf, das auch einmal zu erleben."

Die übrigen Zwerge, die in einem Grüppchen zusammenstanden, hatten mit Verwunderung dem Gespräch zwischen Wipseldipsel und dem Zauberer zugehört. Wie würde die Sache ausgehen? Als Kugelbauch ihnen nun ein Zeichen gab näherzutreten, ließen sie sich das nicht zweimal sagen. Sie bildeten einen großen Kreis um den fremden Zwerg. Kugelbauch sagte:

„Liebe Freunde, unser Gast Wipseldipsel scheint ein großer Zauberkünstler zu sein. Er sagt, er könne seine Nase länger machen, indem er daran zieht. Ich meine, das sollte er uns doch einmal vorführen."

Wipseldipsel nickte, machte aber ein etwas bedenkliches Gesicht. „Es ist möglich, daß das Zauberkunststück mißlingt, Kugelbauch, das will ich schon vorher sagen. Wenn auch nur einer unter euch ist, der an meiner Zauberkraft zweifelt, geht die Sache

schief. Das heißt also, daß dann gar nichts passiert. Darauf müßt ihr euch gefaßt machen."

„Ach, da kann ich dich vollkommen beruhigen, Wipseldipsel. Hier ist bestimmt nicht einer, der an deiner Kunst zweifelt. Versuch also ruhig einmal die Sache mit deiner Nase."

Wipseldipsel griff nach seiner Nasenspitze und zog daran. Und dann passierte etwas Unheimliches: Die Nase wurde wirklich immer länger und länger, so lange bis der kleine Mann sie erschrokken losließ. Aber da war seine Nase schon so lang wie ein Arm. Es war ein seltsames Bild, und alle hielten den Atem an.

„So, jetzt haben es alle gesehen, daß du wirklich ein großer Zauberer bist", sagte Kugelbauch zufrieden nickend. Aber Wipseldipsel war längst nicht so zufrieden. Er hätte gern die lange Nase wieder zurückgedrückt, aber das gelang ihm nicht. Es wurde ihm siedend heiß bei dem Gedanken, sie könnte vielleicht für immer so bleiben. Der Angstschweiß brach ihm aus, und er wollte sein Jäckchen ausziehen. Aber es war, als ob die Jacke an seinem Körper festgewachsen wäre. Er konnte nicht einmal mehr die Knöpfe aufmachen. Darauf versuchte er, seine Schuhe auszuziehen, denn es war doch auf die Dauer sehr unbequem, darin herumzulaufen, wenn die Spitzen hinten waren. Aber o Schreck! Auch die Schuhe saßen fest an den Füßen. Aufgeregt begann er, an den Zöpfen in seinem Bart zu knoten, aber auch diese ließen sich nicht mehr auflösen.

Als Wipseldipsel das alles entdeckt hatte, begann er laut zu heulen.

„Könnt ihr mir nicht helfen?" bat er. Kugelbauch ging sofort zu ihm hin und versuchte, die Nase zurückzudrücken. Als ihm das nicht glückte, machte er ein paar Knoten hinein.

„So, jetzt macht sie dir weniger Beschwerden", sagte er mit ernster Miene, „die Knoten würde ich drin lassen. Vielleicht kannst du später wieder eine normale Nase daraus machen."

„Ja, ist denn hier kein Zauberer im Dorf, der mir helfen könnte?" jammerte der Zwerg.

„Ich bin hier der Zauberer, Wipseldipsel. Aber wie du ja auch weißt, kann ein Zauberer einem anderen Zauberer nicht helfen, sonst würde ich es tun."

„Aber ich bin doch gar kein Zauberer“, heulte Wipseldipsel, „ich habe euch hier doch nur etwas verkohlt. Ich will alles tun, wenn du mir nur hilfst, großer Zauberer Kugelbauch.“ Der Angesprochene klatschte in die Hände. Sofort erschien zwischen den Sträuchern ein großer Hase.

„Lieber Langohr, willst du vielleicht unseren Freund, Zwerg Wipseldipsel, zu seinem Dorf zurückbringen? Dort ist er bestimmt glücklicher als hier, denn da sind alle so angezogen und tragen den Bart so wie er. Dort fällt er gar nicht auf. Mit seiner Nase, na ja, das war Pech. Aber die können sie ihm dort bestimmt behandeln. Es sind ja sehr fortschrittliche Zwerge.“

„Natürlich, großer Zauberer“, erwiderte Langohr. Ein paar Zwerge hoben Wipseldipsel auf den Rücken des Hasen. Sie setzten ihn ganz normal darauf, aber kaum war das geschehen, da saß er plötzlich mit dem Gesicht nach hinten.

„Laßt ihn nur", sprach Kugelbauch, als sie versuchten, ihn wieder umzudrehen, „bei ihm im Dorf können sie nur so reiten." So brauste er denn ab, der große Zauberer Wipseldipsel. Oh, wie sah er aus! Wie würden sie ihn daheim auslachen! Eine riesenlange Nase voller Knoten, einen Bart voller Zöpfchen, Jacke und Schuhe verkehrt herum angezogen, und die alberne, abgeschnittene Mütze auf dem Kopf. Er heulte und flennte, was das Zeug hielt, und rief dauernd um Hilfe.

„So, den wären wir los", sagte Kugelbauch zufrieden, als der Hase mit seiner seltsamen Fracht im Walde verschwunden war. „Jetzt kann ich endlich meinen gestörten Mittagsschlaf nachholen."

Keiner von den anderen Zwergen wußte, daß ihr Zauberer plante, Wipseldipsel in ein paar Stunden von seinem Mißgeschick zu erlösen. Kugelbauch wußte nämlich genau, daß sie dort gar keinen Zauberer hatten. Während er, diesmal ungestört, seinen Schlaf fortsetzte, blieben sie stehen und besprachen aufgeregt den seltsamen Vorfall. Sie begriffen das alles nicht so recht. Sollte Wipseldipsel tatsächlich zaubern können? Seine Nase war ja wirklich immer länger geworden, als er daran gezogen hatte. Aber warum hatte er dann vergeblich versucht, den Zauber wieder zu brechen? Und warum hatte Kugelbauch es nicht getan? Man konnte einen Zwerg doch nicht sein ganzes Leben lang mit einer armlangen Nase, in der noch dazu ein paar Knoten waren, herumlaufen lassen?

Erst ein paar Tage danach erzählte Kugelbauch seinen Zwergen, wie sich in Wirklichkeit alles zugetragen hatte. Natürlich konnte Wipseldipsel gar nicht zaubern. Er, Kugelbauch, hatte einen Zauberspruch gemurmelt, als Wipseldipsel an der Nase riß. Mit ein paar weiteren Zaubersprüchen hatte er auch dafür gesorgt, daß die Jacke und die Schuhe des Maulhelden so blieben wie sie waren, daß er seinen Bart nicht mehr entwirren und auch nicht mehr normal auf einem Hasen sitzen konnte. Dieser Angeber hätte einmal eine gehörige Lektion verdient, meinte Kugelbauch. Darin waren sie alle einer Meinung mit ihm.

Ja, jetzt wurde ihnen allen bewußt, wie sehr ihr großer Zauberer, Kugelbauch von Kuckucksdorf, den fremden Zwerg hereingelegt und zum Narren gehalten hatte. So war es also gewesen und nicht umgekehrt, wie sie zuerst befürchtet hatten. Sie mußten über die komische Geschichte so lachen, daß sie sich kaum noch beruhigen konnten.

Immer wieder, wenn von dem Besuch des fremden Männchens gesprochen wurde, meinten die Zwerge: „Er war schon ein komischer Kerl, dieser Wipseldipsel.“

In Kuckucksdorf hat man nie wieder etwas von ihm gehört oder gesehen.

## *Was träumt Hänschen Traumulus?*

Er ist schon einer, der Hans! Jede Nacht träumt er die absonderlichsten Dinge. Auch manchmal von bekannten Geschichten, wie zum Beispiel jetzt. Wollt ihr wissen, was Hänschen gerade träumt? Ihr braucht nichts anderes zu tun, als alle Punkte nach ihren Nummern in der richtigen Reihenfolge mit einem Bleistift oder Kugelschreiber zu verbinden. Ihr müßt bei 1 beginnen und bei 60 aufhören.

(Auflösung hinten im Buch)

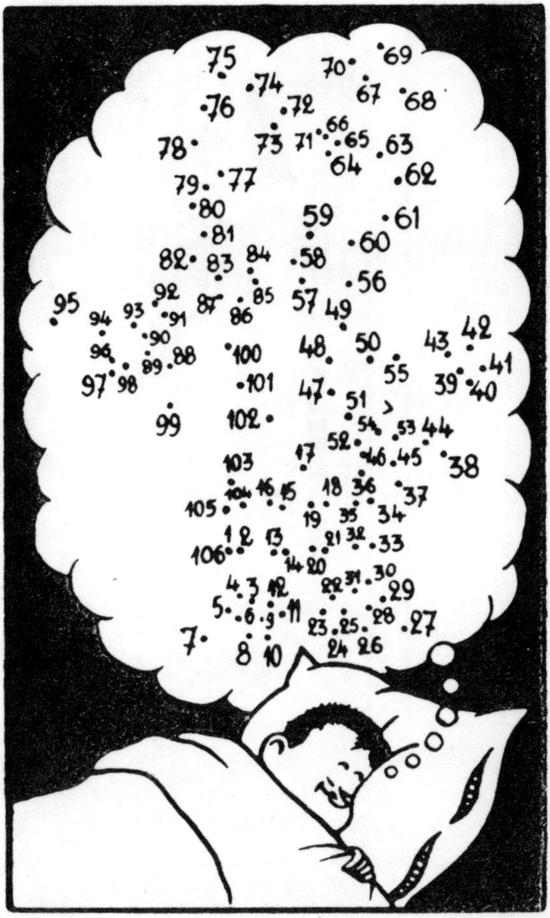

## *Sucht den Unterschied!*

Der Zeichner will uns weismachen, daß diese beiden Zeichnungen genau gleich sind. Aber wir fallen nicht darauf herein, sondern wissen, daß er uns zum Narren halten will. Sie sind nämlich nicht völlig gleich. Sucht nach dem Unterschied.

(Auflösung hinten im Buch)

# *Hallo, einmal scharf nachgedacht!*

## *Der Falschspieler*

Nicht nur an den modernen Spielautomaten, auch in manchen Cafés wird manchmal ein Spielchen gewagt. In einem Café kommen dafür hauptsächlich Kartenspiele, Brettspiele oder Würfelspiele in Betracht. Meistens geht es dabei um Geld, oft aber auch um eine Runde, die der Verlierer den anderen zahlen muß. Eines Tages saßen in einem Café, wo immer viel Betrieb war, fünf junge Männer zusammen und spielten. Man kann ruhig sagen, daß es bei ihrem Spiel ziemlich wild und aufgeregt zuging. Aber trotzdem bekamen die Spieler sich nicht in die Wolle, sondern sie blieben vom Beginn bis zum Ende des Spiels fröhlich und guter Dinge. Nachdem sie bis tief in die Nacht hinein gespielt hatten, hatte keiner von ihnen etwas verloren, sondern jeder hatte genau hundert Mark verdient. Und obwohl einer von ihnen mehrmals falsch gespielt hatte, konnte auch er seine hundert Mark mit nach Hause nehmen, die anderen hatten nichts dagegen. Wie hängt das alles nur zusammen?

## *Die Mahlzeit*

Herr Joosten hatte eine geschäftliche Besprechung. Das Gespräch dauerte länger, als er erwartet hatte. Als es Essenszeit geworden war, fragte er, ob sein Kunde nicht Lust hätte, das Gespräch in einem Restaurant fortzusetzen, wo man gleichzeitig etwas zu sich nehmen könnte. Sein Gast war einverstanden, und Herr Joosten rief seine Frau an, um ihr zu sagen, daß er später nach Hause kommen werde. Als Herr Joosten gegen acht Uhr abends nach Hause kam, wollte seine Frau wissen, was er denn Schönes gegessen habe. „Ich wollte zuerst ein halbes Weib und eine halbe Geiß bestellen“, erwiderte Herr Joosten, „aber dann habe ich schließlich gebackene Zunge gewählt.“ Die Frage ist jetzt, was er bestellen wollte, bevor er die Zunge nahm.

*Der Freistoß*

Nachbar A klopfte eines Tages bei Nachbar B an, um ihn zu fragen, ob er ihm hundert Mark leihen wolle. Das war schon öfter vorgekommen, aber leider hatte B sein Geld nie zurückbekommen. Er verspürte deshalb wenig Lust, sich noch einmal hereinlegen zu lassen. Außerdem wollte er seinem Nachbarn gern heimzahlen, daß er ihn die ersten Male so frech betrogen hatte. Er dachte ein Weilchen nach und sprach dann zu seinem Nachbarn: „Obwohl ich das Geld bisher nie von dir zurückbekommen habe, will ich dir noch einmal hundert Mark leihen, aber nur, nachdem ich dir vorher drei kräftige Tritte in dein Hinterteil versetzt habe."

Auf diesen Vorschlag ging Nachbar A ein. B war fest entschlossen, sein Versprechen zu erfüllen. Er versetzte seinem Nachbarn ein paar kräftige Tritte und ließ ihn ohne das Geld nach Hause gehen. Trotzdem hatte B sein Wort damit nicht gebrochen. Wie war das möglich, und was tat B!

*Redlich geteilt*

Eine Mutter von sieben Kindern ging zum Markt, um Äpfel zu kaufen. Sie kam ein bißchen spät, denn die Kaufleute waren gerade dabei, ihre Stände abzubrechen. Sie konnte mit Mühe und Not gerade noch 12 große und 12 kleine Äpfel bekommen. Die nahm sie dann mit nach Hause. Aber daheim angekommen, wußte sie zuerst nicht, wie sie die Äpfel gerecht unter ihre 7 Kinder verteilen sollte, damit keines benachteiligt würde. Aber dann fiel ihr die richtige Lösung ein. Was tat sie?

*Das weiß unsere Katze auch*

Als ein Müller eines Tages seine Mühle betrat, erwartete ihn dort eine Überraschung. Er hielt in seiner Mühle drei Katzen, um das Korn, das dort lagerte, vor Mäusen zu schützen. An jenem Morgen aber mußte er feststellen, daß jede von seinen drei Katzen drei Junge bekommen hatte. Das war dem guten Mann ein bißchen viel, aber das ist sein Problem. Was wir von euch wissen wollen, ist, wieviele Katzen sich in diesem Augenblick in der Mühle befanden, und wieviele Füße man dort zählen konnte.

*Hier muß gebrütet werden*

Mit Eiern kann man die seltsamsten Dinge erleben. In einer Pension in der Lüneburger Heide machten 9 Pensionsgäste Urlaub. Eines Morgens saßen alle 9 Gäste beim Frühstück. Da meinte einer, ein Ei zum Frühstück wäre doch eigentlich nicht schlecht. Wie es so zu gehen pflegt, wollten die anderen plötzlich auch alle ein Ei haben. Die Pensionsmutter machte ein bedenkliches Gesicht, weil sie nicht wußte, ob so viele Eier im Hause waren, da bisher nie einer eins verlangt hatte. Gleich darauf kam sie zurück und sagte, es seien genug Eier da, so daß jeder eins bekommen könnte. Sie müßten jedoch die Eier so verteilen, daß jeder Gast eines bekäme, und dennoch ein Ei auf dem Tablett, auf dem serviert würde, zurückbliebe. Wie soll das aber gehen, wenn nur 9 Eier da sind und auch 9 Gäste? Ja, das frage ich mich auch. Aber einer von den Gästen fand eine Lösung! Findet ihr sie auch?

(Lösungen hinten im Buch)

## *Wie komme ich dahinter?*

1. Jeder möchte es gern werden, aber nicht gern sein. Was ist das?
2. Welche Diebe werden nicht von der Polizei gesucht?
3. Ich kann nur laufen, wenn einer mit mir geht. Wer bin ich?
4. Warum geht der eine zum Büro, der andere zur Fabrik und der dritte zur Kirche?
5. Mit welchem Bogen kann man nicht schießen, ihn jedoch auch nicht entbehren?
6. Mit welcher Sichel kann niemals Korn geschnitten werden?
7. Aus welchen drei Schweinen wird weder Wurst noch Schinken gemacht?
8. Welches Bier kann niemand trinken?
9. Welche zwei Arten von Mut sollte man lieber nicht haben?
10. Welcher Vogel kann nie sterben?
11. Wie oft im Jahr kann ein Bauer Heu mähen, wenn das Wetter sowohl im Frühling wie im Sommer günstig war?
12. Was enthält jede leere Kiste?
13. An welchem Tag wurde Franz Schmidt geboren, wenn er heute genau 3179 Tage alt ist?
14. Welche beiden Sorten Wasser sind immer heiß?
15. Auf welchem Bein kann man nicht gehen?
16. Wen kann der pfiffigste Schutzmann nie in eine Arrestzelle stecken?
17. Wie liegt ein König und wie liegt ein Landstreicher, wenn sie auf der Straße schlafen müssen?
18. In welchen Ländern heiraten mehr Frauen als Männer?
19. Welches Tier steht in dem Ruf, nicht gern etwas zu tun?
20. Welches Wissen hat jeder Mensch, auch wenn er sonst strohdumm ist?
21. Welche Neger essen mit ihrer Nase?
22. Welches Buch hat weder einen Anfang noch ein Ende?
23. Welcher Tag ist der längste Tag der Woche?
24. Welche Decke gibt uns keine Wärme, sondern nur Kälte?

(Auflösungen hinten im Buch)

# *Das Süßwarengeschäft von Hollebolle Zuckerball*

Irgendwo im Erzgebirge hatten vor vielen hundert Jahren die Zipfelmützenheinzelmännchen ein kleines Dorf gebaut. Es lag so gut versteckt unter Bäumen und Krüppelholz, daß es unmöglich zu finden gewesen wäre, hätte man es dort suchen wollen. Die Zwerge, die dort wohnten, wollten auch keine fremden Besucher. Sie liebten die Ruhe und den Frieden. Sie arbeiteten ein bißchen, wenn es notwendig war, und widmeten die übrige Zeit ihrem Vergnügen. Ausgenommen in der Nacht natürlich. Dann schliefen sie, und in Eichhornshausen herrschte Totenstille. Höchstens, daß man ab und zu einmal den Ruf einer Eule vernahm. Aber das störte den Schlaf der Zwerge nicht, weil sie daran gewöhnt waren. Einer der wichtigsten Zwerge war Hollebolle Zuckerball. Er betrieb in Eichhornshausen einen kleinen Laden, den er stolz als Kolonialwarengeschäft bezeichnete. Die anderen ließen ihm auch ruhig den Glauben, obwohl jeder wußte, daß er nur Süßigkeiten verkaufte. Sein Laden war winzig. Aber er hatte alle Schränke, Fächer, Regale, Nischen und Ecken vom Keller bis zum Speicher so vollgestopft mit Süßwaren, daß kaum noch Raum blieb, um sich dort vorbeizuquetschen. Wie schon gesagt, war Hollebolle Zuckerball einer der wichtigsten Zwerge in Eichhornshausen. Denn in diesem Dorf wurde unheimlich viel genascht. Und das nicht bloß von den jungen Zwergen, sondern sogar noch von den älteren. Vielleicht lag dies daran, daß das Naschteufelchen das gut verborgene Dorf bisher nie hatte finden können. Darüber waren die Zwerge sehr glücklich. Denn sobald es auch sie aufspüren würde, würde es wie überall in der Welt anfangen, ihnen Löcher in die Zähne zu machen. So war es bisher allen auf der Welt ergangen, die gern Süßes aßen. Da das Untier aber Eichhornshausen bisher nicht gefunden hatte, konnten seine Bewohner in Süßigkeiten schwelgen, ohne daß ihre Zähne Schaden nahmen.

So war also Hollebolle Zuckerball in diesem Dorf viel wichtiger als selbst der Bürgermeister. Manche behaupteten sogar, er wäre wichtiger als Zaubermeister Abracadabra. Aber das wagten sie nicht laut zu sagen. Der Süßwarenladen war deshalb so wichtig, weil Zuckerball alle seine süßen Sachen selbst herstellte. Er machte sie nach uralten Geheimrezepten, die schon sein Großvater und sein Vater gebraucht hatten. Die hatten nämlich auch in dem gleichen Laden Süßigkeiten verkauft. Schon damals hatten pfiffige Zwerge öfter versucht, sich die Geheimrezepte zu verschaffen, aber das war ihnen niemals geglückt. Und es würde voraussichtlich auch niemals gelingen, denn Zuckerball behauptete, er habe sämtliche Rezepte auswendig gelernt und die Zettel, auf denen sie standen, vernichtet. Das konnte durchaus wahr sein, denn nur so hatte er die Gewißheit, daß niemals jemand eines seiner Rezepte finden würde. Er war im übrigen viel zu schlau, als daß er sich jemals verplappert hätte.

Freunde hatte Hollebolle eigentlich keine. Dazu war er viel zu sehr mit dem Herstellen seines Naschwerkes beschäftigt. Er hatte kaum Zeit, mit anderen Heinzelmännchen Schwätzchen zu halten. Wenn er mal das Bedürfnis hatte zu reden, so sprach er mit seinem Hund oder mit seiner Katze. Der Hund hieß Dickerchen und die Katze Fettchen. Die Tiere gaben ihm immer Antwort. Der Hund machte „Waff", und die Katze sagte „Miau", manchmal ein paarmal hintereinander. Ein anderer hätte natürlich geglaubt, ein Waff wäre eben nur ein Waff und ein Miau nur ein Miau, aber das war ein schwerer Irrtum. Hollebolle Zuckerball verstand genau, was seine Tiere sagen wollten. Sie konnten ihm in ihrer Sprache ganze Geschichten erzählen, behauptete er immer.

So herrschte also Ruhe und Frieden in Eichhornshausen. Jeder lebte zufrieden, arbeitete ein bißchen, wenn es nötig war, genoß die freie Zeit, wenn er nichts zu tun hatte, und holte sich Süßigkeiten in dem kleinen Laden von Hollebolle. Die süßen Sachen befanden sich alle in dickbauchigen, runden Glasflaschen, und auch der Deckel war aus Glas. Auf dem Deckel war ein Knopf. Wenn man diesen Knopf in die Hand nahm, konnte man den Dekkel leicht öffnen. Aber den Kunden war es untersagt, selbst an die Flaschen zu gehen. So hüteten sie sich denn auch wohlweislich, denn was hätten sie angefangen, wenn ihnen Zuckerball verboten hätte, seinen Laden zu betreten? Dann säßen sie übel daneben! So zeigten sie nur mit dem Finger auf die Flaschen, aus denen sie etwas zu kaufen wünschten. Dann packte es ihnen der Ladeninhaber säuberlich in eine Tüte, und sie gingen wieder.

„Auf Wiedersehen, Hollebolle Zuckerball", sagten sie freundlich, „auf Wiedersehen, Dickerchen, und auf Wiedersehen, Fettchen!" Nein, die Tiere vergaßen sie nie. Sie wußten ja, wie sehr der Süßwarenhändler in den Hund und die Katze vernarrt war. Außerdem waren die Tiere genauso freundlich und gut gelaunt wie ihr Herr. Man konnte sie also ruhig nett behandeln.

Es ist wohl nicht schwer zu erraten, wie die beiden Tiere zu ihren Namen gekommen waren. Dickerchens richtiger Name war eigentlich Felix, und Fettchen hieß in Wirklichkeit Muschi.

Weil die zwei durch ihr Naschen von früh bis spät im Laufe der Zeit wirklich kugelrund geworden waren, hatte ihr Herrchen ihnen passendere Namen gegeben.

Eines schönen Tages ging ein Gerücht wie ein Lauffeuer durch das Zwergendorf. Es wurde getuschelt, daß der Ladeninhaber schwer erkrankt sei. Wer das Gerücht aufgebracht hatte, wußte niemand zu sagen, aber daß Hollebolle krank sein mußte, war klar. Er hatte in letzter Zeit sein kugelrundes Bäuchlein und seine Pausbacken verloren. Das stand ihm zwar ausgezeichnet, aber ein Süßwarenhändler, der abnahm, mußte krank sein! Wenn es nun etwas Ernstes war, was sollte man dann nur beginnen? Es würde ja sicher eine Weile dauern, bis der ganze Vorrat ausverkauft wäre, aber einmal würde es soweit sein. Und dann gäbe es im ganzen Dorf niemand mehr, der Süßigkeiten machen konnte. Sie müßten ohne ihr geliebtes Naschwerk auskommen. Allein diese Vorstellung fanden sie so schlimm, daß sie sich bei dem Gedanken selbst schon ganz krank und elend fühlten.

In Wirklichkeit war Zuckerball aber keineswegs krank. Er hatte nur immer mehr Arbeit. Seine Kunden wurden mehr und mehr, so daß er mit dem Verkaufen und Herstellen von Naschwerk kaum noch nachkam. Dadurch blieb ihm keine Zeit mehr, selbst so viel zu naschen, wie er das früher getan hatte. Aber was sollte er machen? Er wollte doch keine Kunden fortschicken.

Aber eines Tages, als Hollebolle Zuckerball feststellen mußte, daß seine Kleider nur noch um den Körper schlotterten, rief er Dickerchen und Fettchen zu sich und erklärte feierlich: „Freunde, so kann es nicht weitergehen. Mir bleibt ja gar keine Zeit mehr, selbst etwas von meinen süßen Sachen zu naschen. Dagegen müssen wir jetzt etwas tun.“

Dickerchen und Fettchen antworteten ihrem Herrchen mit viel Gebelle und Miaue. Das hieß aber nicht nur, daß sie ihrem Herrn voll und ganz zustimmten, sondern sie gaben ihm auch einen guten Rat.

Wir hätten sie nicht verstanden, aber der kleine bärtige Mann hatte sofort begriffen, was sie meinten. Es war bestimmt ein guter Vorschlag, den seine Freunde ihm machten, aber die Bewohner von Eichhornsdorf würden sicher nicht sehr erfreut darüber sein. Die Tiere meinten, er solle seinen Laden für ein paar Wochen schließen und den ganzen Tag nichts anderes tun, als Süßigkeiten essen. Dannn würde ihr Herrchen bald wieder aufblühen, meinten sie. Als der Zwerg versuchte, noch ein paar Einwände zu machen, erklärten sie kurz, er müsse es tun, wenn er nicht verhungern wolle.

Hollebolle Zuckerball nickte. Er seufzte einmal tief, mußte

aber zugeben, daß sie recht hatten. Noch am gleichen Abend holte er ein großes Brett aus dem Schuppen, einen Pinsel und einen Topf weißer Farbe. Auf das Brett malte er mit riesigen Buchstaben und vielen Schreibfehlern:

Nun, bei den Schreibfehlern muß man in Betracht ziehen, daß der Zwerg nur ein einziges Jahr lang die Schule besucht hatte. Auch seine Tiere kannten nicht viel von Rechtschreibung, machten aber doch wenigstens ihr Herrchen noch rechtzeitig darauf aufmerksam, daß es doch wohl „Leckereien" und nicht „Neckereien" heißen müsse, so daß wenigstens dieser Irrtum noch berichtigt werden konnte.

Hollebolle ließ die Farbe die ganze Nacht trocknen, stand aber am folgenden Morgen früher auf als sonst. Es war noch dunkel, als er die Tafel draußen auf der Fensterbank anbrachte.

Er betrachtete zufrieden sein Werk und ging dann hinein. Er verschloß die Ladentür von innen, zog die Vorhänge zu und setzte die Ladenklingel außer Betrieb, sonst hätte man ihn doch nicht in Ruhe gelassen. Dann ging er zusammen mit Dickerchen und Fettchen ins Hinterzimmer. Dort stand sein großer Ohrensessel und natürlich auch der Hundekorb und das Katzenkörbchen. Auf dem Tisch, auf dem Boden, auf den Stühlen, buchstäblich überall, wo noch ein freies Fleckchen war, hatte Hollebolle dickbauchige Flaschen mit den feinsten Süßigkeiten hingestellt. Nachdem er den Tieren zugenickt hatte, sagte er:

„So, das wäre geschafft. Nun kann uns niemand mehr stören. Fangt also an, und eßt Süßigkeiten, soviel ihr wollt. Wir haben ja für bestimmt einen Monat Vorrat genug, und dann wird man schon weitersehen."

Nachdem die Tiere zustimmend „Waff, waff" und „Miau" gemacht hatten, fielen sie über die süßen Leckerbissen her. Stundenlang aßen sie: Pfefferminz, saure Drops, Honigbonbons, Lollies, Toffees und unzählige andere süße Sachen. Dazu vertilgten sie noch Unmengen von Milchschokolade, Bitterschokolade, Cremeschokolade und Schokolade mit Nüssen. Als sie davon genug hatten, machten sie sich zur Abwechslung wieder über die unzähligen Sorten von Keksen, Küchlein und Plätzchen her.

Inzwischen waren schon eine Menge Kunden vergeblich gekommen. Sie merkten, daß die Klingel nicht ging, rüttelten an der Tür und klopften an das Fenster. Aber es wurde natürlich nicht aufgemacht. Abends kamen eine Menge Zwerge im Dorf zusammen, um die Angelegenheit zu besprechen. Alles ausverkauft? Das konnte einfach nicht stimmen. Sie hatten doch noch am Tage zuvor gesehen, daß das ganze Haus mit Süßigkeiten vollgestopft war. Wer sollte die Süßigkeiten denn so schnell aufgegessen haben?

Die Sache wurde lang und breit erörtert. Was sollte geschehen? Keine Süßigkeiten mehr essen? Nein, das war ein Ding der Unmöglichkeit. Die Tür aufbrechen? Nein, sagte der Schutzmann der Heinzelmännchen, dazu hätten sie kein Recht. Wer seinen Laden schließen wollte, konnte das tun. Die Tür durfte nur aufgebrochen werden, wenn der Bürgermeister seine ausdrückliche Zustimmung dazu gab. Und der Bürgermeister würde sich hüten, das zu tun, denn dafür lag kein hinreichender Grund vor.

Als die kleinen Männlein mit den Bärten spät am Abend mit roten, heißen Köpfen auseinandergingen, waren sie in der Sache keinen Schritt weitergekommen. Das einzige Resultat war, daß vereinbart wurde, am nächsten Abend wieder zusammenzukommen, um zu überlegen, was geschehen könnte. Vielleicht war

morgen der Laden von Hollebolle Zuckerball wieder geöffnet, meinten sie hoffnungsvoll, ehe sie in ihre Häuschen zurückkehrten.

Aber ihre Hoffnung trog. Auch am nächsten Tag blieb der kleine Laden geschlossen. Und am übernächsten auch. Inzwischen war Hollebolle schon deutlich dicker geworden. Mit Befriedigung stellte er fest, daß seine Hose wieder besser paßte und auch, daß er nicht mehr so müde war. Aber er beschloß, sich vorläufig noch nicht blicken zu lassen, sonst würde es rasch wieder dasselbe wie vorher sein. Dickerchen und Fettchen wollten übrigens auch nichts davon hören, daß er bald wieder aufmachte. Auf seine Tiere hörte er immer, genau wie sie immer auf ihn hörten.

In Eichhornsdorf war inzwischen eine wahre Panik ausgebrochen. Alle Zwerge liefen mit langen, bekümmerten Gesichtern umher. Als schließlich eine ganze Woche verstrichen war, ohne daß die Ladentür wieder aufging, beschlossen sie, Zaubermeister Abracadabra in dieser Sache zu bemühen. Sie durften nur zu ihm kommen, wenn es sich um eine ernste Angelegenheit handelte, und das hier war ihrer Meinung nach eine ernste Angelegenheit.

Der Zauberer hörte aufmerksam zu, was sie ihm zu sagen hatten. Natürlich war er längst im Bilde, daß das Süßwarengeschäft geschlossen war. Aber da er selbst niemals Süßigkeiten aß, berührte ihn die Angelegenheit nicht sonderlich. Er lebte von frischen Kräutern aus dem Walde und von allerlei Zaubertränken. Als er sich alles angehört hatte, nickte er. Er versprach, über die Sache nachzudenken und am nächsten Tag seinen Entschluß mitzuteilen. Die Zwerge bedankten sich herzlich. Sie wußten genau, daß die Sache in Ordnung kommen würde, wenn der Zauberer sich damit befaßte. Aber das war auch für Abracadabra keine leichte Angelegenheit. Hollebolle tat schließlich nichts Unerlaubtes. Seinen eigenen Laden durfte jeder sooft und solange schließen, wie er wollte. Und man durfte auch seine eigenen Vorräte aufessen, wenn man Lust dazu verspürte.

Aber der Zauberer gab nicht so schnell auf. Zunächst beauftragte er seinen treuen Freund, Meister Schwarzrock, sich der Sache anzunehmen. Schwarzrock war ein großer Rabe. Er wußte immer über alles Bescheid, was so passierte. Er war immer auf der Jagd nach Neuigkeiten. Nichts konnte vor ihm verborgen bleiben.

So wurde der große Vogel denn losgeschickt zum Häuschen von Hollebolle. Dort setzte sich Meister Schwarzrock auf den Schornstein, um zu lauschen, was drinnen gesprochen wurde. Er hörte, wie Zuckerball zu seinen Tieren sagte, daß sie erst seit einer Woche ihr großes Naschfest feierten, und daß sie noch mindestens drei Wochen weitermachen müßten. Als der Vogel das in Erfahrung gebracht hatte, flog er schleunigst zu dem Zauberer zurück, um es ihm zu berichten.

„Ja, da muß etwas geschehen“, sagte der Zauberer mit ernster Miene. „Noch drei Wochen können das unsere Zwerge unmöglich aushalten. Das gibt ja einen Aufruhr im Dorf, eine Revolution. Das aber können wir am allerwenigsten gebrauchen. Wir sind

hier an Ruhe und Frieden gewöhnt und wollen sie auch behalten.“ Er schickte Meister Schwarzrock zum Wald, um dem Anführer der Erdmännchen die Botschaft zu überbringen, daß ihn der Zauberer der Heinzelmännchen sprechen möchte. Eine Stunde später stand der Anführer schon vor dem Zauberer. Er wußte, daß Abracadabra ein bedeutender Heinzelmann war und wollte ihm gern gefällig sein. Als er hörte, um was es ging, begannen seine Äuglein zu funkeln. Er und sein Völkchen wurden nicht umsonst auch die „Plagegeister" genannt, weil sie es sehr genossen, anderen einen Schabernack zu spielen. Auch sie waren versessen auf Süßigkeiten, hatten aber von Hollebolle nie welche bekommen, denn bezahlen taten sie grundsätzlich nicht.

„Ich habe einen Plan ersonnen", sagte der Anführer der Plagegeister, „wenn ihr mich durchführen laßt, was ich mir ausgedacht habe, ist der Laden morgen wieder geöffnet."

„Was willst du denn tun?" fragte der Zauberer.

„Ich besuche einfach mit einer ganzen Menge meiner Freunde heute nacht das Geschäft. Dort essen wir alle soviel Süßigkeiten, wie wir nur herunterbekommen können. Wenn das dann noch nicht reicht, suchen wir Hollebolle in der folgenden Nacht wieder heim. Das wiederholen wir so lange, bis er sich gezwungen sieht, die Zwerge seines Dorfes zur Hilfe zu rufen. Wenn er das aber tut, können sie ihm sagen, unter welcher Bedingung sie ihm helfen wollen."

„Das scheint mir ein guter Vorschlag zu sein", sagte der Zauberer, „ich stimme ihm voll und ganz zu. Im übrigen werden wir abwarten."

Höchst zufrieden ging der Anführer der Plagegeister in den Wald zurück, um seine Stammesgenossen einzuweihen. Plagegeister sind noch kleiner als eine menschliche Hand. Sie haben einen kleinen Schwanz und zwei Hörner auf dem Kopf. Sie klettern blitzschnell Mauern, Bäume und sogar gläserne Wände empor.

Als die Dunkelheit hereingebrochen war, begab sich der Anführer mit einer kleinen Heerschar seiner Stammesgenossen zum Häuschen von Hollebolle Zuckerball. Sie kletterten dort zuerst flink wie Wiesel die Hauswand und dann den Schornstein herauf. Von dort ließen sie sich einfach ins Innere des Hauses hinuntergleiten. Zunächst begaben sich die kleinen Männlein in den Laden. Dort begannen sie, alle Flaschen leerzuessen. Ab und zu fiel dabei eine Flasche um, und das hörte Dickerchen. Er warnte sein Herrchen, daß Einbrecher im Laden seien.

Auf nackten Füßen lief Hollebolle in den Laden, und als er die Bescherung dort sah, hätte er heulen können. Er nahm einen dikken Stock, riß die Ladentür auf und rief, so drohend er konnte:

„Macht auf der Stelle, daß ihr hinauskommt, unverschämtes

Pack, das ihr seid! Beeilt euch, sonst prügele ich euch hinaus, Diebesgesindel, Einbrecherpack, Banditen. Wagt es nicht, euch hier noch einmal blicken zu lassen, verstanden?"

„Morgen in der Nacht besuchen wir dich wieder", rief der Anführer frech. „Einstweilen vielen Dank für die leckeren Sachen. Es hat uns herrlich geschmeckt!"

Hollebolle schlug mit dem Stock nach ihm, konnte ihn aber nicht erwischen. Der kleine Teufel lachte ihn einfach aus. Tränen der Wut in den Augen, schlurfte der Ladenbesitzer zum Schlafzimmer zurück, wo er Dickerchen und Fettchen seinen Kummer erzählte. Die beiden waren in ihren Körbchen liegengeblieben, denn sie hatten in dieser Woche so viel Süßigkeiten gegessen, daß sie kaum noch laufen konnten.

„Ich weiß etwas", blaffte der Hund, als Hollebolle sich mutlos auf den Rand seines Bettes sinkenließ. „Du gehst zu unserem Zauberer und fragst ihn, ob er uns helfen kann."

„Gut, Dickerchen, ich werde morgen zu ihm gehen."

„Nein, nicht morgen, Herrchen, du mußt jetzt gleich zu ihm gehen, Herrchen."

„Das geht doch nicht, es ist mitten in der Nacht, Dickerchen."

„Was macht das schon? Du hast doch früher auch manchmal mitten in der Nacht aufgemacht, wenn einem Heinzelmännchen, das gerade seinen Geburtstag feierte, das Naschwerk ausgegangen war."

„Ja, das stimmt schon. Na, gut, dann geh' ich schnell mal. Denkt daran, daß ihr keinem öffnet, während ich fort bin." Das versprachen die Tiere, und Hollebolle verzog sich rasch, nachdem er sich angekleidet hatte. Der Zauberer schien noch auf zu sein, denn in seinem Arbeitsraum brannte Licht. Auf Hollebolles Klopfen wurde sofort aufgemacht.

„Aha, da kommt ja unser lieber, guter Zuckerball", begrüßte der Zauberer ihn. „Du siehst aber viel besser aus als vor einer Woche, wieder ganz der alte, würde ich sagen. Aber komm herein und setz dich. Was führt dich denn mitten in der Nacht zu mir?"

Dem Weinen nahe, berichtete der Ladeninhaber, was ihm in dieser Nacht passiert war. Ohne ihn auch nur mit einem Wort zu unterbrechen, hörte der Zauberer aufmerksam zu. Und als Hollebolle nun schwieg, fragte er:

„Was soll ich denn in dieser Angelegenheit tun, Hollebolle?"

„Dafür sorgen, daß sie nicht mehr zurückkommen, bester Zauberer. Wenn du mir helfen willst, sag mir nur, wie ich mich erkenntlich zeigen kann."

Der Zauberer tat so, als ob er tief nachdächte. Er hütete sich natürlich zu sagen, daß er selber die Plagegeister zum Süßwarengeschäft geschickt hatte. Endlich blickte er Hollebolle mit großen Augen an und sagte.

„Dich erkenntlich zeigen? Du weißt doch, daß ich niemals Süßigkeiten esse. Aber jetzt will ich dir einmal etwas sagen. Findest du es eigentlich deinen Mitzwergen gegenüber anständig, einfach von einem Tag zum anderen deinen Laden zu schließen? Und niemand weiß, wann er wieder geöffnet wird! Du weißt, daß du in unserem Dorf der einzige bist, der Süßigkeiten verkauft und herstellen kann. Du weißt auch, daß die Zwerge nicht lange ihre gewohnten Süßigkeiten entbehren können. Sie werden dadurch traurig und gereizt. Und schließlich werden sie sogar krank oder fangen Streit miteinander an."

„Ja, natürlich, das weiß ich alles, bester Zauberer. Aber ich wurde ja selber krank bei diesem Geschäft. Von morgens sieben Uhr bis abends zehn kamen die Kunden. Und dann mußte ich noch neue Naschwaren machen. Das kann keiner aushalten."

„Tja, da hast du natürlich auch wieder recht. Aber die Sache hättest du ganz anders anpacken können. Du hättest bekanntmachen sollen, daß dein Laden erst morgens um neun Uhr aufmacht. Von zwölf bis zwei schließt du dann wieder, und ab sechs Uhr abends ist auch geschlossen. Du mußt natürlich allen deutlich sagen, daß du nach dieser Zeit nicht mehr aufmachst, für niemand. Du wirst sehen, wie rasch sie sich daran gewöhnen werden. Und wenn du einmal eine Woche Urlaub machen willst, dann schließt du eben wieder. Aber es gehört sich, daß du das rechtzeitig ein paar Tage vorher bekanntmachst. Dann kann sich doch jeder für diese Zeit daheim einen Vorrat an Süßigkeiten anlegen."

„Ja, das stimmt eigentlich, lieber Zaubermeister, komisch daß ich daran noch nie gedacht habe."

„Nun gut, wenn du mir versprichst, alles so zu tun, wie wir zusammen ausgemacht haben, dann verspreche ich dir, dafür zu sorgen, daß die kleinen Plagegeister dich nicht mehr besuchen."

„Abgemacht, bester Zaubermeister!"

Sehr erleichtert ging der kleine Mann wieder zu seinem Häuschen zurück. Er wußte, daß der große Zauberer sein Wort halten würde.

Daheim angekommen, erzählte er alles seinem Hund und seiner Katze. Die Tiere waren verständig genug einzusehen, daß sie nicht mehr lange so hätten weitermachen können. Jeden Tag Pfunde und nochmals Pfunde von Süßigkeiten zu verdrücken, davon wird man auf die Dauer auch krank.

Noch in der gleichen Nacht malte Hollebolle wieder große weiße Buchstaben auf ein neues Schild, auf dem deutlich zu lesen stand:

Nun ja, ein paar kleine Schreibfehler waren ihm wieder unterlaufen, aber das machte nichts. Die Bewohner von Eichhornshausen waren so froh, daß sie endlich wieder ihre geliebten Süßwaren kaufen konnten, daß sie sich genau an die angegebenen Zeiten hielten. So hatten Hollebolle Zuckerball und seine Tiere selbst auch genügend Zeit, von ihren süßen Sachen zu naschen. Die Plagegeister ließen sich nicht mehr blicken. Wenn ihr einmal ins Erzgebirge kommt und dabei zufällig auf Eichhornsdorf stoßt, so haltet nach dem Schild Ausschau. Wenn ihr es entdeckt, dann wißt ihr, daß dort Hollebolle mit seinen Freunden Dickerchen und Fettchen wohnt.

## *Wir basteln ein Zauberdöschen*

Hier handelt es sich um eine nette kleine Bastelarbeit, bei der ihr alle mitmachen könnt. Das Zauberdöschen braucht keinen Pfennig zu kosten, denn ihr braucht nichts dafür zu kaufen. Ihr benötigt nur die folgenden Materialien:

- eine leere Streichholzschachtel
- einen Streifen dünnen, festen Karton
- eine dünne, feste Schnur von etwa einem Meter Länge
- ein Stückchen Gummi, zum Beispiel Radiergummi, höchstens 1,5 x 2 x 3 cm

Mit diesen einfachen Materialien könnt ihr ohne allzuviel Mühe ein Schächtelchen basteln, das euren Befehlen folgt. Das sieht dann für die Zuschauer so aus, als ob es verzaubert wäre. Ihr könnt nämlich ganz nach Belieben an der Schnur heruntergleiten oder anhalten lassen. Natürlich ist die Lösung dieses Rätsels längst nicht so kompliziert, wie es für die Zuschauer aussieht. Das Döschen muß nur vor der Vorführung ein wenig präpariert werden. Der Teil der Streichholzschachtel mit den Reibeflächen wird herausgenommen. Ihr habt jetzt also nur noch den Teil der Schachtel in der Hand, der früher die Streichhölzer enthielt, und der jetzt leer ist. In die beiden kurzen Seiten der Schachtel bohrt ihr in der Mitte, einander genau gegenüber, zwei kleine Löcher, groß genug, um die dünne Schnur bequem durchzulassen, wie ihr es in Abbildung 1 sehr anschaulich seht. Darauf schneidet ihr aus dem Kartonstreifen ein rechteckiges Stück von 1,5 cm Breite und 6,5 cm Länge. An beiden Enden des Rechtecks zieht ihr jeweils in 1,5 cm Abstand vom Rand einen Bleistiftstrich. Dann werden die beiden Enden, dort wo der Bleistiftstrich verläuft, umgebogen, damit das Kartonstückchen genau in die Streichholzschachtel paßt (s. Abbildung 2). Jetzt wird in das eine Ende des Kartons, etwa einen halben Zentimeter von der umgebogenen Stelle entfernt, ein weiteres Loch gestochen, wie es Abbildung 2 zeigt. Nun

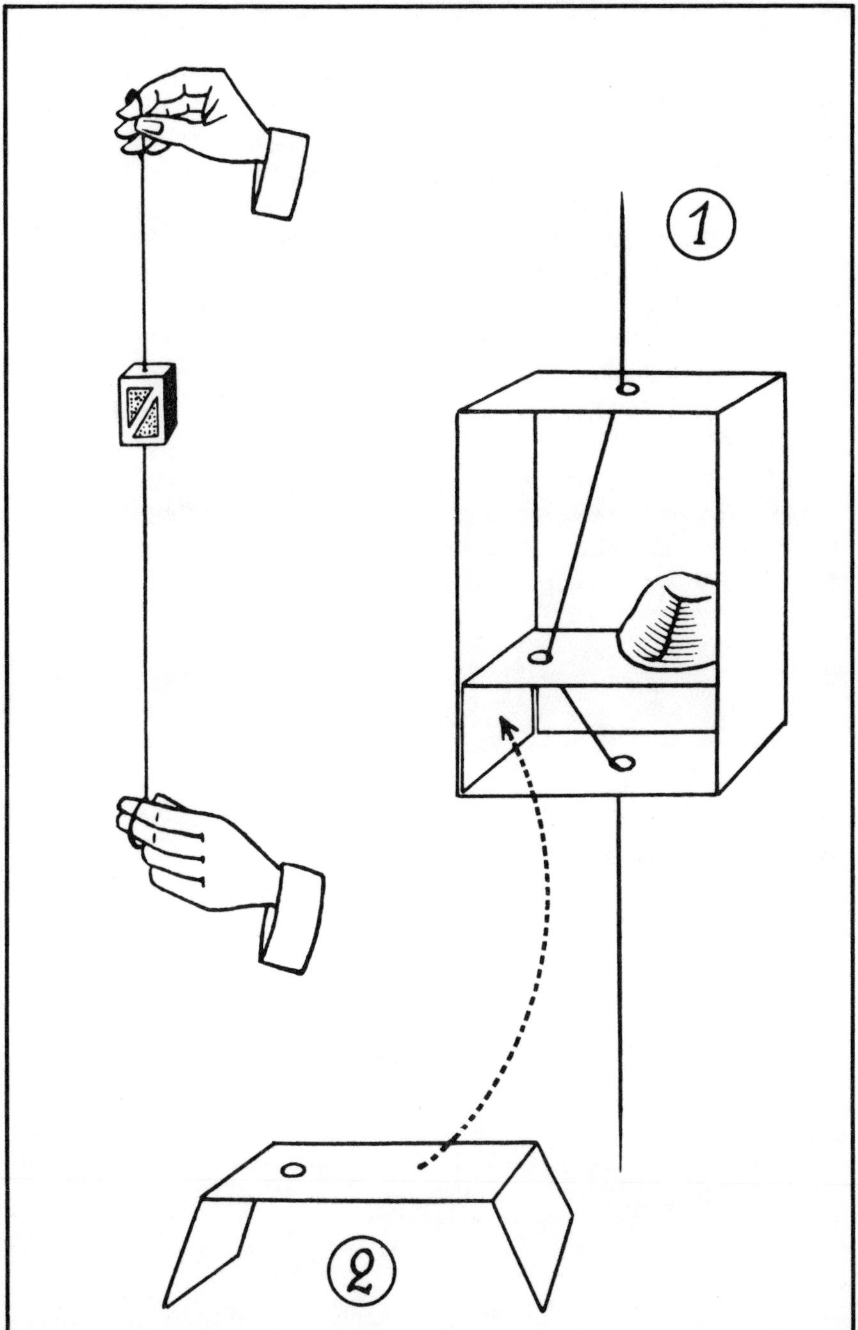

1
2

wird das Kartonstückchen mit den umgebogenen Teilen in der Schachtel festgeklebt, wie es Abbildung 1 zeigt. An der dem Loch gegenüberliegenden Seite wird das Stückchen Gummi auf den Kartonstreifen geklebt, damit die Schachtel auf dieser Seite ein wenig schwerer wird als auf der anderen. Statt eines Gummistückchens kann natürlich auch etwas anderes genommen werden, Hauptsache, die Streichholzschublade ist auf der Seite etwas schwerer. Zum Schluß wird die dünne Schnur durch alle drei Löcher gezogen, wie es Abbildung 1 zeigt. Nun wird die Streichholzlade wieder in den anderen Teil der Streichholzschachtel hineingeschoben, und damit ist unser Zauberdöschen fix und fertig.

Man hält die Schnur senkrecht, zwischen beiden Händen, wie es die Abbildung zeigt. Wenn man nun die Schnur abwechselnd straff zieht und dann wieder ein wenig locker läßt, kann man das Streichholzschächtelchen nach Belieben heruntergleiten lassen oder anhalten. Kündigt euren Zuschauern vorher an, was das Zauberdöschen tun wird, und jeder gewinnt den Eindruck, daß es euren Befehlen gehorcht.

## *Der Luftballon*

Das war wohl nicht nach deinem Sinn,
O weh, mein kleiner Hans!
Da fliegt dein Luftballon dahin
Im Morgensonnenglanz.

Und alle Leute um und um,
Sie stehn und sehn empor.
Und freun sich gar und lachen drum,
Daß Hänschen ihn verlor.

Der gute Vater spricht: Jaja!
Das kommt davon, mein Sohn!
Natürlich! sagt die Frau Mama,
Das dacht ich längst mir schon!

Da geht er ab und segelt fort,
Empor mit leichtem Flug
Und sucht sich einen andern Ort -
Die Welt ist groß genug.

In blaue Luft steigt er gemach,
Und unerreichbar fern
Verstrahlt er überm Kirchendach
Als wie ein roter Stern.

Nach Süden segelt er geschwind,
Zum fernen Afrika,
Wo all die schwarzen Menschen sind,
Und bald schon ist er da.

Wie sich dann wohl die Neger freun,
Und alles tanzt und springt,
Wenn übermorgen um halb neun
Er dort heruntersinkt!

Heinrich Seidel

## *Eine neue Art des Flohspiels*

Man könnte dieses Spiel eine „Flohtreppe“ nennen, denn es ist eine Variante des allbekannten Flohspieles. Der Sinn der Sache ist, daß ihr euch dieses Spiel selbst zurechtmacht. Das ist nicht allzu schwierig, man muß nur daran gewöhnt sein, sauber und exakt zu arbeiten. Das Spiel braucht übrigens keinen Pfennig zu kosten. Man braucht nur die folgenden Materialien dazu:

- ein Stück nicht zu dicken, aber starken, weißen Karton von 34 cm Länge und 20 cm Breite;
- ein paar Bücher verschiedener Größe oder Schachteln;
- ein Lineal und einen Kugelschreiber; ein paar Reißbrettstifte oder Nägelchen;
- eine Anzahl (mindestens zehn pro Spieler) Spielmarken, Knöpfe oder Pfennige.

Zuerst muß das Stück Karton ganz sorgfältig in Stufen, jede genau 2 cm breit, aufgeteilt werden. Das machen wir, indem wir das 34 cm lange Kartonstück mit Kugelschreiber und Lineal in 17 Streifen von je 2 cm Breite unterteilen. Wenn ihr nun immer einen Streifen frei laßt und in jeden zweiten Streifen eine immer größere Zahl schreibt, so ist damit das Grundprinzip der Treppenstufen schon fertig (s. Abb. 1). Die Zahlen sollen die Punkte angeben, die man auf den einzelnen Treppenstufen erreichen kann. Jetzt muß die Kartontreppe nur noch achtmal gefaltet werden, und zwar immer an den Nahtstellen zwischen den unbeschriebenen und den beschriebenen Streifen. Bei dieser Arbeit werdet ihr merken, weshalb der Karton kräftig, aber nicht zu dick sein darf, denn ein dicker Karton würde leicht an den Faltstellen brechen. Jetzt wird es euch noch einige Mühe kosten, die Treppe „fachgerecht“ aufzustellen (s. Abb. 2), damit die ganze Bescherung nicht immer wieder zusammenfällt, und die Stufen schön horizontal liegenbleiben. Als Unterlage für die Treppe kann man Dosen, Schachteln und Bücher unterschiedlicher Größen, je nach Bedarf

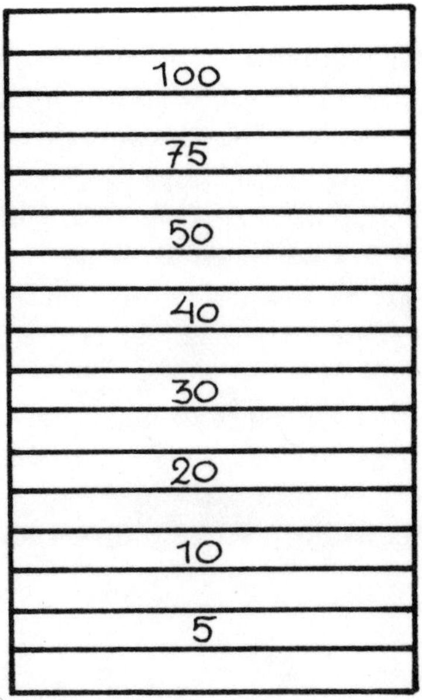


1

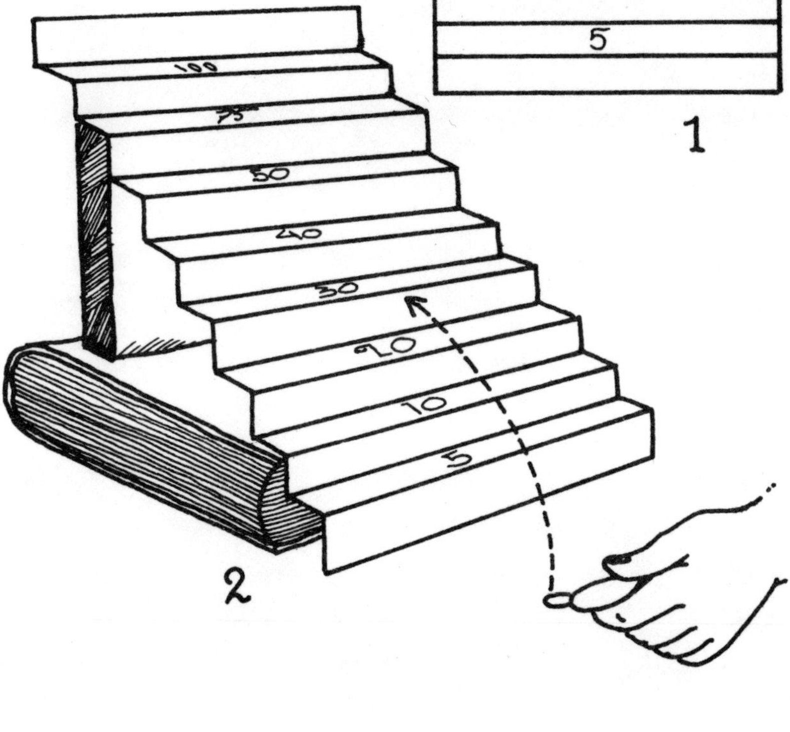


2

liegend oder stehend, verwenden. Reißbrettstifte oder kleine Nägelchen können gute Dienste dabei leisten, die Angelegenheit aufrechtzuhalten. Nun erhält jeder Spieler 10 Marken, Knöpfe oder Pfennige (die Flöhe). Es wird dann geknobelt, entweder mit einem Würfel oder mit Streichhölzern verschiedener Länge, wer anfangen darf, und wer zweiter, dritter usw. ist. Ist das alles erledigt, dann kann der erste versuchen, seine Flöhe auf die Treppenstufen springen zu lassen. Je höher die Stufe, die der Floh erreicht, desto höher die Punktzahl. Flöhe, die neben die Treppenstufen springen, dürfen während derselben Spielrunde nicht mehr benutzt werden. Nach zehn Sprüngen, das heißt also, wenn alle Flöhe einmal benutzt worden sind, ist der nächste Spieler an der Reihe. Einer der Mitspieler muß den Stand der Punkte mitzählen und aufschreiben. Wer am Ende einer Spielrunde den höchsten Punktstand erreicht hat, ist Sieger.

# *Der starke Hein*

(Ein altes Märchen)

In Latvia, weit im hohen Norden, wohnte vor langer Zeit der Bauer Hannes mit seiner Frau Helga. Vermutlich habt ihr noch nie etwas von Latvia gehört. Es war bekannt als das Land der tausend Seen, der rauschenden Wasserfälle und der ewig singenden Wälder. Dort wohnten damals nur zufriedene, hart arbeitende Menschen. Hauptsächlich Bauern, denn zu jener Zeit waren in Latvia keine Fabriken und Industrien zu finden. Das Land hat heute einen anderen Namen bekommen, oder, besser gesagt, es ist von einem viel größeren und mächtigeren Nachbarn einfach eingenommen worden. Es wäre also zwecklos, auf der Karte danach zu suchen, ihr würdet es doch nicht finden. Das ändert aber nichts an der Geschichte, die ich euch jetzt erzählen möchte. Erzählen kann man sie heute nur noch, weil sie immer von Generation zu Generation und von Mund zu Mund überliefert worden ist. Noch heute, nach Jahrzehnten, vielleicht sogar Jahrhunderten, kennt jeder die Geschichte vom starken Hein. Sie hört sich heute ein bißchen unwahrscheinlich an, aber es ist ja alles auch schon sehr lange her. Zu jener Zeit geschahen manchmal noch seltsame Dinge, vor allem dort, im hohen Norden.

Bauer Hannes und seine Frau Helga waren recht glückliche und zufriedene Menschen. Sie arbeiteten von früh bis spät, der Bauer auf seinen Feldern und die Bäuerin im Hause. Manchmal, wenn in der wärmeren Jahreszeit sehr viel zu tun war, half Helga ihrem Manne auch draußen beim Pflügen, Säen und Ernten. Denn zu dieser Zeit konnte Hannes die viele Arbeit unmöglich allein schaffen. Aber die langen Winter verbrachten sie größtenteils gemütlich zusammen in der Küche des Bauernhauses. Sie schauten in die hoch auflodernden Flammen des Herdes, wo ein knatterndes Holzfeuer brannte. Helga strickte schöne Umschlagtücher oder warme Jacken aus dicker Wolle. Hannes schnitzte aus großen Holzstücken, die er selbst ausgesucht hatte, Tröge für das

Vieh, Holzschuhe für sich und seine Frau und Tröge für die Schweine. Vor allem das Herstellen der Futter- und Wassernäpfe für die Tiere war keine leichte Arbeit. Das Holz mußte zu diesem Zweck mit Hammer und Meißel und eigens dafür vorgesehenen Messern bearbeitet werden. Die rechteckigen Futtertröge für die Schweine mußten oben breiter als unten sein. Dafür hatte Bauer Hannes seine genauen, festen Maße, die peinlich genau ausgeführt wurden. Und zum Schluß, wenn wieder ein Napf oder Trog fertig war, wurde er von allen Seiten, innen und außen, blitzblank gescheuert, so daß er sich so glatt wie Glas anfühlte. Ja, vor allem während der Wintermonate kamen sich Hannes und Helga wie die glücklichsten Menschen der Welt vor.

Aber als der Bauer und die Bäuerin schon eine Anzahl von Jahren verheiratet waren, stellte sich heraus, daß es ihnen anscheinend doch an etwas gefehlt hatte. Das entdeckten sie erst, als ihnen ein Sohn geboren wurde. Sie gaben zu, daß sie sich heimlich schon lange ein Kind gewünscht hatten, und Helga war ganz außer sich vor Freude, daß es ein Sohn war. In späteren Jahren wird er seinem Vater bei der Feldarbeit helfen können, dachte sie. Ihr Mann hatte ja draußen so viel zu tun, daß er es kaum schaffen konnte, selbst wenn sie ihm dabei nach Kräften half. Und je älter er wird, desto schwerer würde ihm das Pflügen, Ernten und Säen fallen. Darüber, wie es dann weitergehen sollte, brauchten sie sich jetzt den Kopf nicht mehr zu zerbrechen. Sie hatten einen Sohn und nannten ihn voller Stolz Hein.

Anfangs machten sich die beiden keine Sorgen darüber, daß ihr Kind ein bißchen allzu klein geraten schien. Es fiel ihnen zwar auf, aber sie sprachen nicht darüber. Das würde sich mit der Zeit schon geben, meinten sie. Damit er so rasch wie möglich wüchse, gaben sie ihm von allem nur das Beste. Ihr Kind lernte auch laufen, sprechen und alles, was andere Kinder dieses Alters können, aber wachsen wollte es nicht. Es blieb so klein wie ein Daumen.

Jetzt wurde es dem Bauern und der Bäuerin natürlich langsam klar, daß mit ihrem Kind etwas nicht in Ordnung war. Davon, daß sie glücklich lebten, konnte jetzt nicht länger die Rede sein. Fast jeden Tag zerbrachen sie sich den Kopf darüber, wie man aus dem winzigen Hein einen normalen Jungen machen könnte. Aber sie fanden keine Lösung dieses traurigen Problems. Ihren Kummer besprachen sie meistens abends im Bett, wenn sie glaubten, daß der kleine Hein fest schliefe. In Wirklichkeit aber lag das Kind selbst stundenlang hellwach und grübelte über die Sache nach, da es auch unter seiner Kleinheit litt. So hörte der Kleine jedes Wort von seinen Eltern mit, und das machte ihn noch trauriger.

Als Bauer Hannes eines Abends wieder einmal seinem Gram darüber Luft machte, daß ihm sein Sohn wohl niemals auf dem Feld würde helfen können, beschloß das Kerlchen, etwas zu unternehmen. Traurig ließ er sich im Dunkeln aus der Bettstatt herabgleiten und kroch in die Tasche des Arbeitsanzuges seines Vaters. Kaum waren sie am nächsten Morgen auf dem Feld ange-

langt, da kam Hein munter zum Vorschein und rief fröhlich: „So, jetzt werde ich dir helfen, Vater. Du wirst staunen, was ich alles für dich tun kann."

Zuerst machte Bauer Hannes ein völlig verdutztes Gesicht, weil er nicht begriff, woher plötzlich das dünne Stimmchen kam. Als er dann aber seinen Sohn Hein dort stehen sah, begann er laut zu lachen.

„Das möchte ich wirklich wissen, wie du mir wohl helfen solltest, Kleiner. Geh nur schnell wieder nach Hause, und tue so etwas nicht mehr. Sonst frage ich vielleicht einmal den Riesen, ob er dich mitnehmen will, kleiner Angeber."

Bauer Hannes hatte nicht gesehen, daß zufällig wirklich ein Riese in der Nähe war. Riesen haben große Ohren und können fast alles aufschnappen. So hatte er auch jedes Wort von dem, was der Bauer zu seinem Söhnchen sagte, verstanden. Mit ein paar großen

Schritten hatte er gleich darauf die Stelle erreicht, wo Hannes und Hein standen. Er bückte sich, hob den kleinen Hein vorsichtig auf und nahm ihn mit auf seine Burg. Der Bauer starrte ihm verblüfft nach, wagte aber nicht, den Mund aufzumachen.

Anfangs hatte Hein eine ziemliche Angst vor dem Riesen. Über diese großen Kerle hatte er schon so viele gruselige Geschichten gehört, daß er nichts anderes erwartete, als aufgefressen zu werden. Aber der Zufall wollte es, daß der kleine Hein einem guten Riesen in die Hände gefallen war.

Auf der Burg des Riesen hatte er es nicht schlecht. Er bekam dort auch Riesenkost zu essen, und davon begann er zu wachsen wie ein Kohlkopf in der Maisonne.

So vergingen mehrere Jahre. Hein war inzwischen ein großer Kerl geworden, sogar ein Stück größer als es normale Menschen sind. Eines Tages sagte der Riese zu ihm, er solle einmal in den Eichwald gehen, um dort ein paar nicht zu dicke Eichen zu fällen. Die könnten sie gut gebrauchen, um einen Holzzaun um den Burggarten zu errichten.

Hein, eine schwere Axt über der Schulter, zog also los. Im Wald angekommen, suchte er ein paar junge Eichen aus, wie es ihm der Riese gesagt hatte. Aber nachdem er den ersten Baum mit einem mächtigen Hieb der Axt umgehauen hatte, versuchte er aus purer Neugierde, ob es ihm wohl auch gelingen würde, einen jungen Baum einfach aus dem Boden zu reißen. Es gelang, und ohne nennenswerte Anstrengung zog er die übrigen Bäume mitsamt den Wurzeln aus dem Erdreich. Als er wieder an der Burg angekommen war und dem Riesen das Ergebnis seiner Arbeit zeigte, nickte sein gewaltiger Freund zustimmend. Aber ganz zufrieden war er doch noch nicht mit ihm. Er gab Hein noch ein paar Jahre von dem Wunderbrot der Riesen zu essen. Als sie dann eines Tages zusammen in den Wald gingen, stellte sich heraus, daß Hein so stark wie ein Bär geworden war. Ganz bequem zog er jetzt auch starke Eichen mit den Wurzeln aus der Erde. Jetzt erst war der Riese ganz zufrieden mit ihm. Er hatte erreicht, was er wollte, und brachte Hein wieder zum Acker seines Vaters zurück. Hannes ging gerade hinter dem Pflug, als Hein, nachdem er sich herzlich von dem Riesen verabschiedet hatte, auf seinen Vater zukam.

„So, Vater, da bin ich wieder", sagte er munter. „Jetzt bin ich bestimmt stark genug, um dir zu helfen.."

Aber der Bauer erschrak nicht wenig, als er den großen Kerl vor sich stehen sah. Er hob abwehrend die Hände und rief:

„Mach, daß du hier fortkommst, du langer Kerl. Du bist nicht mein Sohn."

Aber Hein lachte nur und schob seinen Vater mit einer sanften Bewegung beiseite, um sich selbst hinter den Pflug zu stellen. Aber kaum hatte er das Gerät gepackt, da verschwand der Pflug so tief im Boden, daß man ihn kaum noch sehen konnte. Jetzt wurde sein Vater noch wütender. Er rief:

„Jetzt mach doch endlich, daß du hier verschwindest, du Grobian! Du machst nicht nur mein Arbeitsgerät kaputt, sondern verdirbst mir außerdem noch die gute Erde."

Aber Hein machte keine Anstalten wegzugehen. Da lief Bauer Hannes zornrot nach Hause, um seiner Frau zu erzählen, was ihm widerfahren war. Aber Hein war inzwischen nicht müßig. Er hatte rasch herausgefunden, daß er den Pflug mit den Händen festhalten mußte, damit das Gerät nicht zu tief in der Erde verschwand. Und binnen einer Stunde hatte er den ganzen Acker umgepflügt, eine Arbeit, zu der sein Vater bestimmt zwei Tage brauchte. Als er fertig war, spannte er die Pferde aus, nahm den Pflug auf die Schulter und schlug den Weg zum Bauernhof seiner Eltern ein. Seine Mutter sah ihn von weitem kommen, hob erschrocken die Hände und rief:

„Was ist denn das für ein großer Kerl, der da mit unseren Pferden und mit unserem Pflug daherkommt? Das ist ja ein junger Riese, da kann einem ja angst und bange werden."

„Der Kerl behauptet, er wäre unser Sohn Hein, Frau."

Die Bäuerin schüttelte ablehnend den Kopf. Der, ihr Sohn? Das war doch fast nicht zu glauben. Aber als sie ihn so beobachtete, wie er seinen Verrichtungen nachging, kam er ihr plötzlich doch irgendwie bekannt vor. Und als er gleich darauf die Bauernstube betrat, war sie fast sicher, daß er ihr Sohn Hein war. Als sie sich ein bißchen an seine Größe gewöhnt hatte, fand sie den Gedanken, daß der starke Kerl nun seinem Vater helfen wollte, gar nicht schlecht. Sie dachte, daß er jetzt wohl Hunger haben müsse und fand, er habe ein kräftiges Mahl verdient. Sie setzte ihm zwei große Schüsseln Eintopfgericht vor. Im Handumdrehen hatte Hein die Schüsseln leergegessen und sah seine Mutter fragend an. Als diese darauf nicht reagierte, fragte er, ob sie nichts mehr für ihn hätte, denn jetzt sei er erst auf den Geschmack gekommen.

Das konnte seine Mutter nicht begreifen. An den zwei Schüsseln, deren Inhalt soeben im Magen ihres Sohnes verschwunden war, hätten sie und ihr Mann bestimmt für drei Tage genug gehabt. Aber weil sie Hein auf keinen Fall Hunger leiden lassen wollte, suchte sie alles zusammen, was sie noch an Eßbarem im Hause hatte, um es ihm vorzusetzen. Sprachlos sahen Hannes und Helga zu, wie er auch diese Portion in Windeseile hinunter-

schlang. Danach strich er sich zufrieden über den Bauch und sagte:

„Hör mal, Vater, ich würde gern bei dir bleiben und dir bei der Arbeit helfen, denn du hast bestimmt Hilfe nötig. Ich glaube aber nicht, daß ihr mir genug zu essen geben könnt. Darum scheint es mir doch besser, wenn ich in die Welt hinausziehe. Gib mir nur einen kräftigen Wanderstab, denn den werde ich gebrauchen können."

Bauer Hannes holte einen dicken Stock aus der Scheune. Aber als Hein sich darauf stützen wollte, brach der Stab wie ein Streichholz auseinander. Darauf holte Hannes beim Schmied eine Eisenstange. Als Hein sie aber auf ihre Festigkeit prüfen wollte, sah sie bald wie ein Fragezeichen aus. Als Hannes noch einmal zum Schmied wollte, um dort eigens für seinen Sohn einen besonderen Stab schmieden zu lassen, sagte Hein:

„Laß nur, Vater, es hat doch alles keinen Zweck. Ich bin einfach viel zu stark für euch geworden. Vorläufig werde ich es einmal anderswo versuchen. Ich komme aber wieder zurück, um zu sehen, wie es euch geht."

Ein bißchen bekümmert nahmen sie Abschied von einander. Darauf ging Hein stundenlang durch die Wälder und über Feldwege, bis er endlich in einem Dorf ankam, wo ein Schmied wohnte, der für seinen Geiz bekannt war. Hein klopfte bei ihm an und fragte, ob er wohl Arbeit für ihn hätte. Der Schmied sah sofort, daß hier ein bärenstarker Kerl vor ihm stand, der bestimmt die Arbeit von zwei Leuten verrichten konnte, genau das, was er suchte.

„Was willst du denn als Lohn?“ fragte er vorsichtig.

„Nichts, gar nichts, lieber Schmied.Das einzige, was ich von dir verlange ist, daß ich dir einmal im Monat, wenn die anderen Knechte ihren Lohn bekommen, zwei Tritte geben darf. Das ist alles.“

Das war natürlich etwas für den alten Geizhals. Wenn er dafür keinen Lohn zu zahlen brauchte, wäre er sogar mit zehn Tritten einverstanden gewesen. Er nahm daher Hein sofort in Dienst, wies ihm eine Schlafstelle an und sagte ihm, daß er ihn am nächsten Morgen um Punkt sechs Uhr in der Schmiedewerkstatt erwarte.

Pünktlich erschien Hein am folgenden Morgen in der Schmiede. Aber als er dem Amboß den ersten Schlag mit dem Schmiedehammer versetzte, war der Amboß verschwunden, und an der Stelle, wo er vorher gestanden hatte, gähnte nur noch ein tiefes Loch.

„Dich kann ich nicht gebrauchen“, rief der Schmied voller Verzweiflung, „du bist zu stark. Mach nur rasch, daß du wieder weiterkommst.“

„So einfach kannst du mich nicht wegjagen, Schmied. Ich habe auf alle Fälle Anspruch auf einen kleinen Teil meines Lohnes in Form eines kleinen Trittchens.“

Und noch bevor der Meister dieses Verlangen zurückweisen konnte, hatte Hein schon den Fuß erhoben. Fast im selben Augenblick schoß der Meister wie eine Rakete durch das Fenster und landete irgendwo drüben am Waldrand. Hein suchte sich noch einen der stärksten Eisenstäbe aus und zog fröhlich seines Weges.

Nachdem er wieder eine ganze Weile gegangen war, langte er an einem Forsthaus an. Er fragte den Förster, ob er vielleicht einen Holzfäller gebrauchen könne. Als Lohn beanspruche er nur, daß er ihm drei kleine Tritte im Jahr versetzen dürfe. Der Förster war zwar etwas verwundert über das merkwürdige Ansinnen, bedachte aber doch, daß er wohl nie wieder an eine so billige Arbeitskraft kommen könne. Er stellte den neuen Knecht also ein und verabredete mit ihm, daß er am folgenden Morgen um sechs seinen Dienst beginnen solle. Die anderen Knechte würden ihn abholen und am Arbeitsplatz einweisen. Als ihn die Knechte am nächsten Morgen weckten, fühlte Hein sich noch ganz und gar nicht ausgeschlafen. Er sagte ihnen, daß sie in ein paar Stunden noch einmal kommen sollten, denn er hatte keine Lust, jetzt schon aufzustehen.

„Das können wir nicht machen, sonst bekommen wir Krach mit dem Chef", sagte einer von den Knechten.

„Ach was", antwortete Hein verschlafen, „wir bekommen schon keinen Krach mit dem Chef. Der Förster will doch nur, daß wir ihm eine ordentliche Menge Holz abliefern. Und die bekommt er, darauf könnt ihr euch verlassen. Sogar wenn ich erst in vier Stunden komme, schaffe ich noch mehr als ihr alle zusammen."

Kopfschüttelnd zogen die Knechte ihres Weges. Hein schlief noch ein paar Stunden, bis er sich vollkommen frisch und ausgeruht fühlte. Darauf ging er gemütlich frühstücken und aß der Frau des Försters beinahe die Haare vom Kopf. Erst darauf begab er sich gemächlich zum Wald. Er arbeitete ruhig und bedächtig, und als die Arbeitszeit um war, hielt der Forstmann schon Ausschau nach ihm. Er hatte gehört, daß sein neuer Knecht den halben Morgen im Bett verbracht hatte und war entschlossen, ihm gehörig die Meinung zu sagen. Als er aber den Wagen voll Holz sah, den Hein mit nach Hause brachte, traute er seinen Augen nicht. Der junge Mann hatte wahrhaftig in einem halben Tag mehr Bäume gefällt, als die vier anderen in einem ganzen.

Ein Jahr lang blieb Hein bei dem Förster in Dienst. Dieser hatte inzwischen drei von den vier übrigen Knechten entlassen, weil Hein allein mehr Arbeit verrichtete, als die drei zusammen geschafft hatten. Als aber dann der Tag kam, an dem der Lohn für ein ganzes Jahr ausbezahlt werden sollte, bekam der Forstmann Angst. Er schlug Hein vor, daß er Förster werden solle, wenn er auf die drei versprochenen Tritte verzichtete. Aber davon wollte dieser nichts wissen.

Darauf lief der Förster schnell zu einem befreundeten Ratsherrn in der Stadt und trug ihm den Fall vor. Der Ratsherr dachte ein Weilchen nach und sagte dann schulterzuckend:

„Wenn du so eine Angst vor ihm hast, dann gibt es nur einen Weg: Du mußt ihn dir für immer vom Halse schaffen. Laß ihn den Brunnen auf deinem Hof saubermachen. Wenn er unten ist, dann sorge dafür, daß ihm aus Versehen ein Mühlstein auf den Kopf fällt."

Der Förster, der ein ebenso gewissenloser Halunke war wie der Ratsherr, ging nach Hause und bat Hein, doch den Brunnen sauber zu machen. Als der Knecht mit Hilfe einer langen Leiter in der Tiefe verschwunden war, schob der Förster den größten Mühlstein, den er finden konnte, über den Rand des Brunnens. Zu seinem maßlosen Erstaunen hörte er gleich darauf seinen Knecht aus der Tiefe rufen:

„He, Meister, jag mal die Hühner vom Brunnenrand fort. Wenn sie so scharren, kriege ich ja lauter Dreck und Steine auf den Kopf."

Verblüfft und erschrocken starrte der Förster in den Brunnen.

Er sah, daß Hein den Mühlstein wie einen Kragen um den Hals trug. Gleich darauf kam sein Knecht, fröhlich pfeifend, die Leiter wieder herauf. Oben angekommen, hob er den Mühlstein von seiner Schulter und sagte grinsend:

„Man soll es nicht für möglich halten, daß Hühner so etwas fertigbringen."

Hein forderte noch nicht seinen Lohn, denn er hatte seinem Meister auf dessen Bitten ein paar Tage Frist gegeben. Als die Tage verstrichen waren, und der Förster erneut um einen Aufschub bat, willigte Hein gutmütig ein. Natürlich wußte er nicht, daß sein Meister wieder wie die Windsbraut zur Stadt lief, um den Ratsherrn zu fragen, was er noch versuchen könne, um den lästigen Knecht loszuwerden.

Der Ratsherr riet ihm, seinen Knecht für einen Tag oder besser noch für zwei Tage in der verwunschenen Mühle arbeiten zu lassen. In der Mühle spukte es, und der Spuk machte sich immer erst gegen Mitternacht bemerkbar.

Das schien dem Förster eine ausgezeichnete Idee. Er ging nach Hause und fragte den starken Hein ganz freundlich, ob er nicht Lust hätte, für ein paar Tage Korn in der alten Mühle zu mahlen. Die Mühle sei aber so weit fort, daß er die Nacht über dort bleiben müsse, fügte der Meister hinzu.

„Das will ich gern tun", sagte Hein. „Ich weiß zwar, daß es in dieser Mühle spukt, aber ich habe keine Angst, nicht vor hundert Gespenstern."

„Na, dann ist ja alles bestens, du bist wirklich ein mutiger Knecht", lobte der Förster ihn. Als der junge Mann mit einem ganzen Wagen voller Säcke in Richtung Mühle davonfuhr, schaute ihm der Förster nach und rieb sich die Hände. Hein hatte schon im Laufe des ersten Tages sämtliches Korn gemahlen und alle Säcke gefüllt. Er hätte also wieder heimfahren können. Aber er hatte nun einmal versprochen, die Nacht über dort zu bleiben. Außerdem war er neugierig, was dort wohl für ein Spuk um Mitternacht umginge und wollte sich das gern einmal ansehen. Den ganzen Abend blieb alles ruhig, aber als es auf Mitternacht zuging, hörte er plötzlich überall seltsame Geräusche.

„Kommt nur hervor, wenn ihr Mut habt, ich habe vor euch keine Angst", rief der starke Hein mit donnernder Stimme. Im selben Augenblick bekam er einen heftigen Schlag an die Ohren. Er reagierte jedoch blitzschnell und ruderte mit seinen langen Armen und geballten Fäusten wie ein Mühlrad um sich her. Sofort flog ein Gespenst laut schreiend zum Fenster hinaus. Das sah er natürlich nicht, aber er hörte es um so besser. Kurz darauf bekam er wieder einen Schlag, diesmal auf die andere Backe. Aber durch das blitzschnelle Zupacken des starken jungen Mannes, flog auch dieses Gespenst durch das Fenster. Und so ging es weiter. Hein bekam nicht eher Ruhe, bis auch das letzte Gespenst unschädlich gemacht oder auf der Flucht war. Es waren bestimmt an die zehn Stück gewesen, vielleicht auch elf. Danach streckte er sich behaglich auf seinem Bett aus weichem Stroh aus und schlief sofort ein. Er erwachte erst, als ihm am anderen Morgen die Sonne ins Gesicht schien. Er ging in den Hof, ließ den Strahl der Pumpe über sein Gesicht laufen, wusch sich Brust, Rücken und Arme und begab sich dann fröhlich zu seinem Wagen mit den Mehlsäcken. Als der Förster ihn in der Ferne kommen sah, war er so erschrocken, daß er am liebsten davongelaufen wäre. Er hatte nicht mehr damit gerechnet, seinen Knecht noch einmal wiederzusehen.

„So, da bin ich wieder", rief Hein vergnügt, während er vom Wagen sprang und zu seinem Meister ging. „Ich habe mich die ganze Zeit unterwegs darauf gefreut, daß ich dir jetzt endlich die drei versprochenen Tritte geben kann."

Aber nun begann der Förster zu wehklagen und zu jammern und bat ihn flehentlich, doch davon abzusehen. Doch Hein schüttelte grinsend den Kopf.

„Ich denke gar nicht daran", sagte er. „Wenn du ein redlicher und rechtschaffener Mensch wärest, würde ich bestimmt mit mir reden lassen. Aber ich bin nicht so dumm, wie du glaubst. Meinst du wirklich, ich hätte nicht gemerkt, daß du es warst, der mir den Mühlstein auf den Kopf geworfen hat, in der Hoffnung, daß er mich töten würde? Und ich habe auch sofort gewußt, warum du mich zu der Mühle geschickt hast. Das hast du nur getan, weil von dort noch nie jemand lebend zurückgekommen ist. Trotzdem will ich noch einmal Gnade vor Recht ergehen lassen. Anstelle der drei Tritte werde ich dir nur einen einzigen versetzen."

Als das der Förster hörte, wollte er sich rasch aus dem Staube machen, aber der starke Hein hatte ihn schon gepackt und hielt ihn fest. Er versetzte seinem Meister einen Tritt, daß dieser in hohem Bogen über den Kirchturm davonflog.

Hein blickte ihm nach, bis er seinen Blicken entschwand. Ob der Förster wohl auf dem Mond gelandet ist? Niemand weiß es, denn keiner hat ihn je wieder gesehen.

## *Was für ein Futter hat das Tierchen entdeckt?*

Das Wesen auf der Zeichnung unten ist ein Wurm auf der Suche nach Futter. Das Tierchen hat auch etwas entdeckt, das ihm gefällt. Was das ist? Verbinde die Punkte, die mit einer geraden Zahl (2, 4, 6, 8 usw.) gekennzeichnet sind. Beginne bei 2 und ende bei 58. Dann ist das Rätsel gelöst.

(Auflösung hinten im Buch)

## *Was hat Hans Pinselstrich gemalt?*

Hans Pinselstrich hat ein modernes Gemälde gemalt. Für euch und jeden anderen ist dieses Gemälde nur eine Ansammlung wild durcheinanderlaufender geometrischer Figuren. Wollt ihr das daraus machen, was Hans Pinselstrich darin sieht, so müßt ihr alle die Teile schwarz ausmalen, in denen die folgenden Zahlen stehen: 2, 3, 5, 6, 12, 14, 17, 18, 21, 26, 38, 41, 49, 56, 62, 77, 85, 92, 97, 98, 100, 102, 104 und 106. Jetzt wißt ihr, was Hans Pinselstrich in seinem Gemälde gesehen hat.

(Auflösung hinten im Buch)

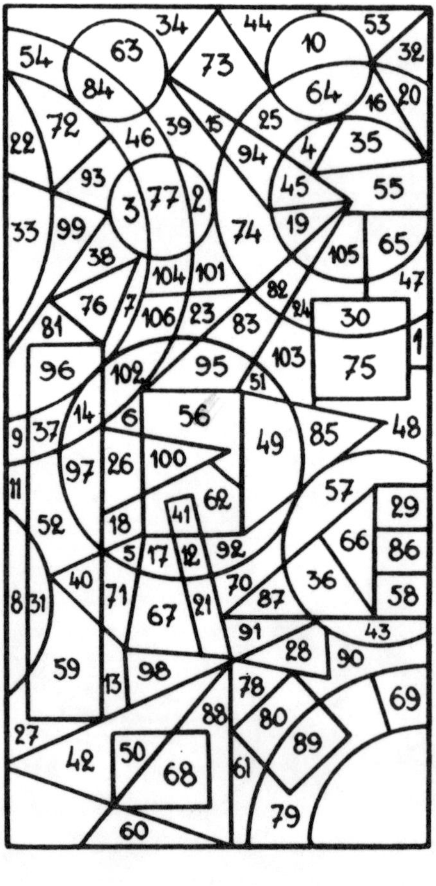

## *Was für ein seltsames Tier ist das?*

Ja, das ist nun wirklich ein sehr sonderbares Geschöpf. Selbst im finstersten Afrika wird ihm keiner jemals begegnen. Versucht einmal, dieses „gemischte Tier“ zu demaskieren und festzustellen, aus welchen sechs Tieren es zusammengesetzt ist.

(Auflösung hinten im Buch)

## *Der netteste Junge im ganzen Land*

Es war einmal ein Junge, der hieß Pim Kwant und wohnte in Grottenbrück in Holland. Es ist allerdings gut möglich, daß ihr seinen Namen noch nie gehört habt, denn es ist schon eine ganze Weile her, was sich mit ihm zugetragen hat. Aber zu der Zeit kannte ihn jeder. Wohin man auch kam, brauchte man nur seinen Namen zu nennen, dann sagte jeder sofort:

„O ja, natürlich: Pim Kwant, der netteste Junge in Holland."

Das war eigentlich nicht einmal ganz richtig, denn auch in Belgien und einem großen Teil von Deutschland war Pim den Leuten ein Begriff. Er war so furchtbar nett, daß er überall als Beispiel für andere Jungen herhalten mußte. Zum Beispiel, wenn sie mit schmutzigen Händen zum Essen erschienen. Oder wenn sie morgens die Zähne nicht geputzt hatten, verdreckt vom Fußballfeld kamen, nicht zum Frisör wollten usw.

Alles das kam nämlich bei Pim Kwant nicht vor. Er putzte wohl zehnmal am Tage seine Zähne. Jeden Abend bürstete und polierte er seine Schuhe so lange, bis man sie als Spiegel benutzen konnte, so glänzten sie. Und bevor er morgens zur Schule ging, wurden sie noch einmal mit einem wollenen Tuch blankgerieben. An der Schultür angekommen, wurde die gleiche Prozedur noch einmal wiederholt, denn inzwischen waren natürlich wieder ein paar Stäubchen wegzuwischen. Zu diesem Zwecke hatte Pim stets ein Tuch bei sich. Nicht nur mit seinen Schuhen, auch sonst war Pim Kwant sehr ordentlich und adrett. Niemals stand bei ihm auch nur ein einziges Haar ab. Alles war mit Kamm und Bürste unerbittlich glattgeschniegelt. Seine Hände und Fingernägel sahen stets aus, als ob er soeben dem Bade entstiegen sei. Bevor er in seiner Schulbank Platz nahm, staubte er zuerst Sitzplatz und Pult gründlich ab. Auf dem Schulhof hielt er sich stets abseits. An den wilden, kindlichen Spielen nahm er nicht teil, denn er hatte viel zuviel Angst, er könnte sich dabei schmutzig machen.

Natürlich war Pim auch nicht im Fußballverein. Sie hatten ihn zwar mehr als einmal gefragt, ob er nicht Mitglied werden wolle, denn er war immer nett und freundlich, so daß keiner etwas gegen ihn hatte. Wenn er nirgendwo mitmachte, so nur aus Angst, er könnte dabei schmutzig werden.

Wie war es eigentlich zu alledem gekommen? Wie konnte Pim zu einem derartigen Musterknaben werden? Nun, das war eigentlich die Schuld seiner Mutter, obwohl sie es bestimmt nicht schlecht meinte. Und Pim selbst wäre sicher sehr erstaunt gewesen, wenn ihm jemand gesagt hätte, seine Mutter sei schuld daran, daß er so übertrieben ordentlich geworden sei. Er war nun einmal ganz und gar an ihre Art gewöhnt und kannte es nicht anders. Von Kindheit an hatte sie von früh bis spät gerufen, er solle seine Hände waschen, seine Haare kämmen, seine Zähne putzen, auf seine Kleider achten und noch hundert andere Dinge. Jedem, der zu Besuch kam, erzählte sie, es gebe weit und breit keinen netteren Jungen als ihren Pim. Wenn er Süßigkeiten aß, so trug er Handschuhe, damit seine Finger nicht klebrig wurden, und seine Zahnbürste benutzte er nie, ohne sie vorher mit Sodawasser ausgespült zu haben. Seine Nagelbürste legte er in Ariel (womit seine Mutter die schmutzige Wäsche wusch), ehe er sie benutzte. Die Schutzumschläge um seine Bücher strich er jeden Tag aufs neue sorgfältig glatt. Seine Schultasche wurde mehrmals in der Woche mit Bohnerwachs abgerieben. Und wenn er doch einmal ein Eselsohr in einem Buch entdeckte, so holte er sich bei seiner Mutter ein warmes Bügeleisen und ruhte nicht eher, bis das Fältchen nicht mehr zu sehen war. Ach ja, es gab wirklich nichts, was Pim nicht tat, um tagaus, tagein immer auszusehen ‚wie aus dem Ei gepellt', wie seine Mutter das nannte. Sämtliche Mütter von Grottenbrück stellten ihn ihren Kindern als Vorbild hin, sowohl den Jungen, wie auch den Mädchen.

Auch Pim merkte, daß die Mütter ihm bewundernd nachschauten, wenn er vorbeiging, denn sie schoben manchmal die Gardinen ein wenig zur Seite, um ihn besser sehen zu können. Der Kaufmann wischte sogar extra für ihn den Ladentisch ab, wenn Pim bei ihm einkaufen kam, und sein Klassenlehrer sagte jedesmal, wenn es auf die Zeugnisse zuging, daß es ihm leid tue, daß er Pim nicht mehr als eine Eins in Ordnung geben könne. Wenn es nach ihm ginge, fügte er hinzu, habe Pim eine Auszeichnung für seine Ordnungsliebe verdient. Als Pim Kwant zwölf Jahre alt war, war er eine richtige Berühmtheit geworden. Er war ebenso bekannt wie ein großer Fußballspieler oder ein Filmstar. Eigentlich sogar noch berühmter, denn Fußballspieler und Filmsterne gab es viele, während es nur einen Pim gab.

Eines Tages aber ergab es sich, daß Pim für seine musterhafte Ordnungsliebe doch eine Belohnung erhalten sollte. Der König hatte Geburtstag, und zu diesem Anlaß wurden im königlichen Palast ganze Listen mit Namen besonders verdienter Mitbürger abgegeben, die von den Ministern für eine Auszeichnung vorgesehen waren. Das konnte zum Beispiel ein Mann sein, der seit fünfzig Jahren bei der Feuerwehr seine Pflicht tat, und nun in den Ruhestand versetzt wurde. Es konnte auch jemand sein, der im vergangenen Jahr mehrere Menschen vor dem Tod des Ertrinkens gerettet hatte. Es konnte auch ein Bahnwärter sein, der lange Jahre die Schranke bedient und dadurch für die Sicherheit der

Eisenbahn und ihrer Reisenden gesorgt hatte. So könnte man noch Hunderte von Möglichkeiten aufzählen, für die es eine Belohnung gab. Wer etwas Besonderes geleistet hatte, erhielt eine Medaille in Leder. Waren seine Taten besonders verdienstvoll, so war die Medaille aus Silber. Und für ganz große Leistungen gab es eine Medaille aus Gold. Seltsam war nur, daß sich dieses Mal der Ministerpräsident selbst zum königlichen Schloß begab. Das war doch sonst nicht der Brauch? Nein, gewiß nicht. Aber seine Fachminister hatten ihn darauf hingewiesen, daß er schon mehrere Jahre lang vergessen habe, den wichtigsten Namen, den man sich vorstellen konnte, auf die Liste zu setzen. Das war der Name des nettesten Jungen im ganzen Land: Pim Kwant.

Daher der Entschluß des Ministerpräsidenten, diesen Punkt mit dem König persönlich zu besprechen. So geschah es dann auch. Der König war ganz der Meinung seines Ministerpräsidenten. Es sei ein unverzeihlicher Fehler, daß sie den Namen des berühmten Jungen niemals auf die Liste gesetzt hätten. Nein, im Gegenteil, ganz oben, an den Anfang, gehöre er, meinte der König. Das wurde dann rasch nachgeholt.

Aber schon ergab sich eine neue Schwierigkeit. War denn noch eine Medaille übrig? Nein, das sei nicht der Fall, sagte der Ministerpräsident, nur eine ganz gewöhnliche aus Leder. Eine Silbermedaille, geschweige denn eine goldene, sei nicht mehr zur Verfügung. Das war natürlich eine herbe Enttäuschung. Was nun? Fest stand, daß irgendeine Lösung gefunden werden mußte, aber welche? Längere Zeit führte der Ministerpräsident mit dem König ein flüsterndes Gespräch, und schließlich fanden sie einen Weg. Welchen, das wollen wir jetzt noch nicht verraten, denn es war ein geheimer Beschluß.

Auf alle Fälle gab ein Sonderkurier des Königs an dem Tage, an welchem der König seinen Geburtstag feierte, ein Päckchen bei der Familie Kwant ab. Darauf stand deutlich zu lesen, daß es für Pim bestimmt war. In dem Päckchen mußte sich ein Döschen befinden, das konnte man fühlen. Das Döschen war in königliches Papier verpackt, mit lauter goldenen Krönchen. Es war auch eine derartig schöne goldene Kordel darum, daß es einem fast zu leid tat, das Päckchen aufzumachen.

Aber Pim öffnete es natürlich doch. Sein Vater, seine Mutter und die rasch herbeigeholten Nachbarn und Freunde sahen mit angehaltenem Atem zu. Als sich schließlich aus dem Papier ein prächtiges, mit einer goldenen Krone geschmücktes Döschen herausschälte, wurden Ausrufe der Bewunderung laut. Kaum hatte Pim jedoch das Döschen geöffnet, da blieb allen vor Staunen der Mund offenstehen. Auf rotem Samt lag die schönste Goldmedaille, die man sich vorstellen konnte. In dem Gold stand mit deutlichen Buchstaben zu lesen:

Damit war also das Rätsel gelöst. Endlich hatte die Tugend ihre verdiente Anerkennung gefunden. Jeder gratulierte Pim, und der plusterte sich vor Stolz auf wie ein Truthahn. Jeder Besucher bekam ein Glas Limonade oder eine Tasse Tee, wie er wollte, und Vater Kwant besorgte rasch noch einen frischen Kuchen beim Bäcker. Noch eine Stunde blieben die Gäste gemütlich zusammen. Aber auch nachdem die Besucher gegangen waren, herrschte im Hause Kwant noch den ganzen Abend Feststimmung.

Am nächsten Morgen mußte Pim wieder zur Schule. Seine Mutter hatte ihm gesagt, daß er sich die Medaille an die Brust heften müsse. Das tue jeder, der eine solche Auszeichnung empfangen habe. Die Medaille war ein recht großes, schweres Ding, aber schließlich glückte es Pim doch, sie mit einigen Sicherheitsnadeln festzumachen. Natürlich putzte er heute seine Zähne und Schuhe noch mehr als sonst, bevor er das Haus verließ. Und noch sorgfältiger schniegelte er seine Haare, damit sich auch nicht eines, links oder rechts des Scheitels, vorwitzig aufrichten konnte.

Leider begann es zu regnen, als Pim unterwegs zur Schule war. Seine Mutter hatte ihm für diesen Fall einen großen Regenschirm mitgegeben, denn er durfte nicht naß werden, und auch auf die Goldmedaille durften keine Spritzer kommen.

Alles ging auch glatt, bis Pim vor der Schule angekommen war. Ganz vorsichtig schritt er über die kleinen Pfützen weg und machte einen Bogen um die großen. ‚Donnerwetter, der Schulhof ist aber auch derartig morastig', dachte er ärgerlich. Nun, ärgern soll man sich möglichst nicht.

Ob Pim seine Medaille nicht gut festgemacht hatte, oder ob etwas anderes damit nicht in Ordnung war, konnte hinterher nicht festgestellt werden. Fest steht, daß sie ihm plötzlich von der Brust fiel und in einer modderigen Pfütze verschwand. Einen Augenblick war Pim total verwirrt und wußte nicht, was er machen sollte. Dann aber steckte er naserümpfend die Hand in den Morast und fischte seine Medaille heraus. Die Auszeichnung, auf die er so stolz gewesen war, sah jetzt alles andere als schön aus. Von Gold war nichts mehr zu sehen. Der Überzug von Schlamm hatte sie in ein garstiges, schwarzes Ding verwandelt. Auf der hohlen Hand trug Pim die Medaille in die Schule, wo ihn der Lehrer und eine ganze Menge Kinder schon erwarteten. Sie hatten ein Lied zu seinen Ehren einstudiert. Aus dem Ständchen wurde natürlich nichts, als sie sahen, welches Mißgeschick ihm widerfahren war.

„Macht nichts, Pim", sagte der Lehrer freundlich, „du kannst mir die Medaille geben, dann mache ich sie dir sauber. Blankputzen darfst du sie nachher selber."

Pim nickte trübe. Es blieb ihm ja auch nichts anderes übrig. Er ging inzwischen seine Hände waschen und die Schuhe mit dem berühmten Wolltuch abreiben. Auch kämmte er nochmals seine Haare, obwohl kein einziges Härchen aus der Reihe tanzte. Keiner der Jungen sagte ein Wort, als er wieder in die Klasse kam. Man hätte meinen können, daß eine Trauerfeier stattfand. Gleich darauf kam auch der Lehrer wieder herein. Er machte ein noch bekümmerteres Gesicht als die anderen. Man sah ihm an, daß er etwas sagen wollte, aber nicht wagte, damit herauszurücken.

„Wo ist meine Medaille?" fragte Pim, als es ihm zu lange dauerte. Und da blieb dem Lehrer nichts anderes übrig, als Farbe zu bekennen. Er öffnete die Hand und ließ sehen, was von ihr noch vorhanden war, nachdem er sie abgewaschen hatte. Nichts als eine klebrige, braune Masse mit einem Stückchen Goldpapier.

„Tja, es war eine Schokoladenmedaille mit einem schönen Goldpapier darum", sagte der Lehrer mit belegter Stimme. Er sah traurig und bekümmert aus und schaute Pim unentwegt an. Der Junge wiederum konnte den Blick nicht von der schmuddeligen Schokoladenmasse wenden. Da haben sie mich aber schwer hereingelegt, schoß es ihm durch den Kopf. Er konnte natürlich nicht wissen, daß sie ihm tatsächlich eine richtige Goldmedaille hatten verleihen wollen, daß eine solche aber beim besten Willen nicht mehr aufzutreiben gewesen war. Und da waren sie dann auf den Ausweg verfallen, ein Stückchen Goldpapier bedrucken zu lassen, und es um eine Medaille von Schokolade zu wickeln.

„Sollen wir diese Schmiere nicht lieber wegwerfen, Pim?" fragte der Lehrer dann. Aber zu seiner großen Verwunderung sagte der Junge ganz laut und vernehmlich: „Nein!" Darauf ging Pim nach vorn, kratzte den Schokoladenkleister von der Hand des Lehrers und wickelte die schmuddelige Masse vorsichtig in das Goldpapier. Darauf fragte er nach einem Stückchen Klebeband und klebte alles sorgfältig zu.

Ohne ein Wort zu sagen ging er dann aus der Klasse und lief nach draußen. Der Lehrer und die Schüler stürzten ans Fenster und sahen ihm nach. Ihre Verblüffung kannte keine Grenzen, als sie sahen, daß Pim ganz wild in einer der ärgsten Morastpfützen herumzuhüpfen begann. Darauf schmierte er sich das Haar, sein

Gesicht und die Kleider dick voll Schlamm und lief schnurstracks zum Bürgermeister. Dort legte er dem verdutzten Bürgermeister den schmutzigen Schokoladenrest in dem dreckigen Goldpapier mitten auf den blankgescheuerten Schreibtisch, hieb einmal kräftig mit der Faust darauf und sagte, der Bürgermeister solle den Mist nur zurückschicken. Der Schokoladenkleister spritzte überall im Zimmer umher, und wenn Pim nicht von selbst den Rückzug angetreten hätte, so hätte der erboste Bürgermeister bestimmt die Polizei gerufen.

Von diesem Tag an war Pim der dreckigste Junge weit und breit. Aber er wurde Mitglied im Fußball-, Gymnastik-, Radfahr- und Wanderclub. Und er war immer in der vordersten Reihe, wenn wilde Spiele veranstaltet wurden. Er kletterte auch in die höchsten Bäume und machte alles mit. Berühmt wurde er nicht, aber er fühlte sich viel glücklicher als es früher jemals der Fall gewesen war.

## *Li-Sjang macht sich keine Sorgen*

(Eine Erzählung von der chinesischen Weisheit)

Die chinesische Halbinsel Sjan-Tung besteht eigentlich aus zwei großen Bergländern, die durch die Ebene von Weo-Ho getrennt sind. Das Gebirge ist sehr alt, unwirtlich, verwittert und kahl. Das Lan-Sjan-Gebirge ist bedeckt von ‚heiligen Wäldern', wie man sie in China nennt, in denen sich viele Klöster für Mönche befinden. Die Menschen in diesem Teil Chinas leben hauptsächlich vom Ackerbau. Reich kann man davon nicht werden, aber doch durch harte Arbeit sein Auskommen finden. Die Äcker befinden sich ausschließlich in der Ebene von Weo-Ho, denn der untere Teil des Gebirges ist so waldreich, daß es eine kostspielige Angelegenheit wäre, ihn für den Ackerbau urbar zu machen. Das Hochgebirge ist dagegen kahl und böte Raum genug, Ackerland anzulegen. Aber dort ist nun wieder der Boden so verwittert und unfruchtbar, daß es vergebliche Liebesmühe wäre zu versuchen, ihm ein paar karge Früchte abzuringen.

Der Bauer Li-Sjang, von dem diese Erzählung handelt, wohnte deshalb ebenfalls in der Ebene zwischen den beiden großen Gebirgen. Sein Vater und sein Großvater hatten auch schon auf dem gleichen Fleck ihr Leben gefristet, und Li-Sjang wäre deshalb nie auf den Gedanken gekommen, in einen anderen, fruchtbareren Teil des Landes zu ziehen. Er war hier vollkommen zufrieden. Er mußte zwar hart arbeiten, aber darüber hatte er sich noch nie beklagt. Es kam zwar vereinzelt vor, daß er, wenn er den ganzen Tag das Erdreich umgegraben hatte, abends mit Kreuzweh nach Hause kam. Wenn er dann aber merkte, daß er drauf und dran war, unzufrieden zu werden, dachte er an seinen Nachbarn Pi-Sjong. Der saß den lieben langen Tag, den Rücken an die Mauer gelehnt, vor seinem kleinen Haus und rauchte Pfeife. Aber Pi-Sjong war Invalide. Seine beiden Beine waren gelähmt. Er mußte morgens aus dem Hause getragen werden und zur Essenszeit wieder hinein, denn er konnte aus eigener Kraft keinen Schritt machen. Er

konnte nicht einmal auf den Beinen stehen. Wenn Li-Sjang daran dachte, war er dankbar, daß er arbeiten durfte, daß er arbeiten konnte. Dafür nahm er dann sogar die Kreuzschmerzen gern in Kauf, die er sich mitunter durch Überanstrengung zuzog.

Li-Sjang war eigentlich dankbar für alles, was er hatte. Er nahm die Dinge, wie sie kamen. Er freute sich über den Sonnenschein, der Mensch und Land erwärmte, und über die Regengüsse, die das Land fruchtbar machten. Ohne dieses Himmelswasser konnten seine Gewächse nicht gedeihen, und ohne Sonnenschein verkümmerten sie. Wenn Donner und Blitz ein Unwetter ankündigten, war er dankbar für das große himmlische Schauspiel, das Buddha, die chinesische Gottheit, veranstaltete. Wohl wußte er, daß Blitzschläge nicht ungefährlich sind, aber er war davon überzeugt, daß Buddha seinen Blitz nicht auf einen Gerechten herabschleudern würde. Und wenn doch, dann konnte man auch nichts machen, dann hatte es eben so kommen müssen. Li-Sjang hatte auch keine Angst vor Krankheit, Unglück und Schmerz. Er hatte gelernt, daß leben auch leiden heißt, ganz gleich in welcher Form. ‚Schmerzen kommen aus unserem Verlangen nach den weltlichen Dingen', hatte ihn sein Großvater gelehrt. An solche und viele andere Weisheiten, die er von seinem Vater und Großvater oft gehört hatte, klammerte sich Li-Sjang. Darum war er auch jeden Tag, vom Morgen bis zum Abend, völlig zufrieden.

Li-Sjang hatte übrigens noch einen anderen Grund, zufrieden zu sein. Er hatte einen Sohn, der Li-Tung hieß, und zu einem stämmigen jungen Kerl herangewachsen war. Früher hatte sein Sohn ihm viel Arbeit abgenommen, aber jetzt war der junge Mann selbst verheiratet und wohnte mit der Frau in seines Vaters Haus. Da mußte dann noch ein Acker gepachtet werden, weil das Land des Vaters nicht ausreichte, zwei Familien zu ernähren. Seit der Zeit hatte es Li-Sjang wieder genauso schwer wie früher. So wie der Bauer für alles dankbar war, was ihm der Himmel bescherte, so fand er sich auch rasch mit plötzlichen, unerfreulichen Ereignissen ab. Als er eines Morgens nach draußen ging, um das Pferd vor den Pflug zu spannen, fand er die Stalltür weit offen vor. Einen Augenblick hielt er den Atem an. Dann nahm er sich zusammen und ging in den Stall hinein. Was er befürchtet hatte, war geschehen: Sein Pferd war verschwunden. Das war der schwerste Schlag, den er bis jetzt hatte einstecken müssen. Er besaß nur ein Pferd, und ohne dessen Hilfe konnte er seine Äcker nicht mehr bestellen. Alles deutete darauf hin, daß man ihm das Tier gestohlen hatte. Und Geld, um ein neues Zugtier zu kaufen, war nicht da.

Wie üblich verbreitete sich überall rasch die traurige Nachricht daß man Li-Sjang bestohlen hatte. Natürlich nicht über die ganze Ebene von Weo-Ho, denn die ist viele hundert Kilometer groß. Aber noch ehe die Sonne hoch am Himmel stand, und noch ehe die große Pfanne Reis auf dem Mittagstisch dampfte, kamen schon eine ganze Anzahl Freunde und Nachbarn zum Hause des armen Bauern, um ihm ihr Mitgefühl zu zeigen.

„So ein Unglück, so ein Unglück, daß das nun gerade dich treffen mußte, Li-Sjang!“ rief jemand voll ehrlichen Mitleides. „So ein Unglück!“ riefen auch die anderen wohlmeinend im Chore. Nur Li-Sjang selbst blieb sehr gelassen. Er lächelte sogar, als er schließlich mit Überzeugung sagte:

„Das dürft ihr nicht sagen. Ich bin gar nicht so sicher, daß es wirklich ein solches Unglück ist. Wer weiß denn, ob sich nicht später herausstellt, daß es ein Segen war?“

„Ein Segen?“ fragten die anderen verblüfft und ungläubig.

„Ja, ein Segen“, wiederholte Li-Sjang. Darauf lud er die Anwesenden ein, mit ihm zu essen. Das nahmen sie gern an, und weil sich der Gastgeber so aufgeräumt und liebenswürdig zeigte, wurde das reinste Fest daraus. Als sich die Gäste schließlich verabschiedeten, war der große Topf mit Reis, den Li-Sjangs Frau für die ganze Woche gekocht hatte, bis auf den Boden leergegessen.

Auch das Stück Fleisch, das eine Woche hätte reichen sollen, war verschwunden. Aber die Gastgeber haderten nicht darüber. Im Gegenteil, es gab ihnen ein Gefühl der Befriedigung, daß die Gäste das Essen so genossen hatten. Die Freunde gingen nicht, ohne Li-Sjang angeboten zu haben, ihre Pferde zum Ziehen des Pfluges auszuleihen. Li-Sjang bedankte sich sehr herzlich für das freundliche Angebot, wußte aber schon vorher, daß er niemals davon Gebrauch würde machen können, weil seine Freunde ihre Pferde auch nicht einen Tag entbehren konnten.

An diesem Tage verrichteten Li-Sjang und sein Sohn lauter Arbeiten, zu denen sie bisher nicht gekommen waren, und wozu man kein Pferd benötigte, die aber auch getan werden mußten. Und abends ging der Bauer ruhig und zufrieden schlafen. Er machte sich keine Sorgen, wie es am folgenden Tag oder in den nächsten Tagen und Wochen weitergehen sollte, obwohl er genau wußte, daß er auf ein Pferd angewiesen war.

Als der Bauer am nächsten Morgen ins Freie trat und überlegte, was er wohl tun könnte, drang plötzlich aus dem Stall fröhliches Gewiehere. Er glaubte, seinen Ohren nicht trauen zu können, aber als er eiligst zum Stall rannte, sah er, daß sein Pferd von sich aus zu ihm zurückgekehrt war. Aber das Tier war nicht allein. Neben ihm stand noch eine prächtige, junge Stute. Der Bauer holte tief Luft und lachte dann erleichert und zufrieden. Natürlich verbreitete sich auch diese Geschichte in Windeseile. Genau wie beim erstenmal strömten die Nachbarn und Freunde herbei. Sie freuten sich aufrichtig mit Li-Sjang, und als einer von ihnen meinte, daß es doch ein großer Segen sei, riefen sie im Chore:

„Welch ein Segen, welch ein Segen!“

Nur Li-Sjang selbst war ruhig und gelassen wie immer.

Als seine Freunde schwiegen, meinte er lächelnd:

„Liebe Freunde, ob es ein Segen sein wird, weiß man jetzt noch nicht. Es kann sich auch herausstellen, daß es in Wirklichkeit ein Unglück war.“

Das fanden seine Freunde nun wirklich ein bißchen verrückt. Erst hatte Li-Sjang sie damit überrascht, daß er behauptet hatte, es könnte sich als ein Segen erweisen, daß sein Pferd gestohlen worden war. Und nun verblüffte er sie noch mehr dadurch, daß er meinte, die Rückkehr seines Pferdes mit einer Gefährtin könnte sich auch als ein Unglück erweisen. Sie wollten ihm aber nicht widersprechen, denn Li-Sjang galt als ein zwar einfacher, aber besonders weiser Mann.

Auch diesmal wurden sie zum Mittagsmahl eingeladen. Und wieder aßen sie den großen Eisentopf, in welchem Lis Frau neuen Reis für die ganze Woche gekocht hatte, bis auf den Grund leer. Auch diesmal verschwand die gleiche Menge Fleisch wie Tags zuvor in den Mägen der Gäste. Aber niemand wäre auf die Idee gekommen, sich darüber zu beschweren. Gastfreundlichkeit ist nun einmal eine der höchsten Tugenden der Chinesen.

Am nächsten Morgen beschloß der Sohn des Bauern, die neue Stute auszuprobieren. Li-Tung hatte Pferde gern und konnte damit umgehen. Er hatte schon gesehen, daß die Stute ein junges, feuriges Tier war, aber das hinderte ihn nicht, einen kleinen Proberitt auf ihrem Rücken zu versuchen. Schon als er vier Jahre gewesen war, hatte ihn sein Vater auf einem Pferd mit zum Acker genommen, und als er sieben Jahre gewesen war, hatte er sich schon selbst auf jedes Pferd gewagt. Aber man kann auch zu übermütig werden, und das war Li-Tung. Vielleicht hätte er mehr Glück gehabt, wenn er einen Sattel benutzt hätte. Aber in der Ebene von Weo-Ho hat man keine Sättel. Dort gibt es nur Arbeitspferde, und wer einmal einen kleinen Ritt machen möchte, muß sich einfach auf den Pferderücken schwingen. Aber Li-Tung hatte wohl doch die Ungebärdigkeit des jungen Tieres unterschätzt. Als er sich auf ihren Rücken schwang, machte die Stute einen so wilden Satz, daß der junge Mann in die Luft geschleudert wurde und so unglücklich herabfiel, daß er sich beide Beine brach.

Auch die Geschichte von dem unglücklichen Sturz sprach sich schnell herum, und gegen Mittag erschienen wieder die Freunde, um ihre Klagelieder anzustimmen.

„So ein Unglück, so ein Unglück", hieß es im Chore. „Jetzt hast du noch ein Arbeitspferd, und nun kann dein Sohn dir nicht mehr bei der Arbeit helfen. Was nützt dir dann ein zweites Pferd?"

Nur Li-Sjang schien nicht unter dem Eindruck des Geschehens zu stehen. Er schüttelte lächelnd den Kopf und sagte:

„Ihr meint, das sei ein Unglück? Ist das denn so sicher? Es kann sich auch herausstellen, daß es ein Segen war."

Diese Reaktion war seinen Freunden nicht ganz verständlich. Man stelle sich vor, jemand sagt, es könne auch ein Segen sein, daß sein Sohn sich die Beine gebrochen habe. Nein, darin konnten sie keinen Sinn sehen. Aber sie behielten ihre Gedanken für sich und ließen sich von dem freundlichen Bauern wieder zum Essen einladen.

Ein paar Tage lang passierte nun nichts Besonderes mehr auf dem Bauernhof von Li-Sjang. Der Bauer mußte noch härter arbeiten als sonst, aber er hatte wenigstens sein Pferd als Hilfe. Wenn er dann abends todmüde nach Hause kam und dachte, der Rücken würde ihm auseinanderbrechen, so sah er zum Hause von Pi-Sjong hinüber und war dankbar, daß er noch jeden Tag auf seinen eigenen Beinen zum Acker gehen konnte und nicht getragen werden mußte.

Eine Woche darauf brach plötzlich ein Krieg aus. Alle jungen

Männer aus der ganzen Gegend wurden zu den Waffen gerufen. Aber die Übermacht des Feindes schien so groß zu sein, daß von den Dutzenden junger Leute aus dem Dorfe, zu dem der Bauernhof von Li-Sjang gehörte, nicht einer mehr lebend zurückkehrte. Sie alle waren in einem heldenhaften Kampf gefallen. So kam es denn, daß ein paar Wochen später, nachdem der Krieg beendet war, im ganzen Dorf kein junger Mann zwischen achtzehn und dreißig Jahren zu finden war. Wirklich keiner? Doch, ein Jüngling hatte den Krieg lebend überstanden, und das war Li-Tung, der Sohn von Li-Sjang. Als die Order gekommen war, daß sich alle jungen Männer zwischen achtzehn und dreißig in einer weit entfernten Kaserne zu melden hatten, war er dafür nicht in Frage gekommen, weil er mit gebrochenen Beinen im Bett gelegen hatte.

Aber sechs Wochen später konnte Li-Tung wieder aufstehen. Er mußte zwar noch eine ganze Weile vorsichtig sein, aber nach weiteren sechs Wochen konnte er seinem Vater schon bei der Arbeit helfen, und bald war er wieder eine vollwertige Arbeitskraft.

Zusammen mit seinem Vater bewirtschaftete Li-Tung den Hof, und als sein Vater im hohen Alter starb, wurde der Sohn Erbe von Hof und Äckern. Er lebte noch viele Jahre mit Frau und Kindern in Wohlstand und Frieden. Oft mußte er noch an die seltsame Prophezeiung seines Vaters denken, daß es auch ein Glück sein könne, daß sich jemand die Beine bricht. Er lachte, wenn er an die verdutzten Gesichter der Leute damals dachte. Aber welche Weisheit seines Vaters! Wie wunderbar hatten sich doch seine Worte erfüllt.

## *Schlaraffenland*

Kommt, wir wollen uns begeben
Jetzo ins Schlaraffenland.
Seht, da ist ein lustig Leben
Und das Trauern unbekannt!
Seht, da läßt sich billig leben
Und umsonst recht lustig sein,
Milch und Honig fließt in Bächen,
Aus den Felsen quillt der Wein.

Und von Kuchen, Butterwecken
Sind die Zweige voll und schwer.
Feigen wachsen in den Hecken,
Ananas im Busch umher.
Keiner darf sich mühn und bücken,
Alles stellt von selbst sich ein.
Oh, wie ist es zum Entzücken!
Ei, wer möchte dort nicht sein.

Und die Straßen allerorten,
Jeder Steg und jede Bahn,
Sind gebaut aus Zuckertorten
Und Bonbons und Marzipan.
Und von Brezeln sind die Brücken
Aufgeführt gar hübsch und fein.
Oh, wie ist es zum Entzücken!
Ei, wer möchte dort nicht sein.

Ja, das mag ein schönes Leben
Und ein herrlich Ländchen sein.
Mancher hat sich hinbegeben,
Aber keiner kam hinein.
Ja, und habt ihr keine Flügel,
Nie gelangt ihr bis ans Tor,
Denn es liegt ein breiter Hügel
Ganz von Pflaumenmus davor.

Hoffmann von Fallersleben

## *Die Erzählung vom Zwerg Guffi und dem bösen Brombuba*

Meistens steht die Schule mitten im Dorf. Aber in Waldhagen, wo der Zwerg Guffi wohnte, war das nicht der Fall. Warum? Darauf konnte keiner eine Antwort geben, und es kümmerte auch niemand. Was schadete es schon, daß die jungen Zwerge ein ganzes Stück laufen mußten, ehe sie an der Schule waren? Laufen ist gesund, meinte der alte Zwerg Weißbart und nickte. Wenn er seinen Kopf auf und nieder bewegte, ging gleichzeitig auch sein dikker Bauch nach oben und nach unten. Darum stellte Guffi dem alten Zwerg jedesmal eine Frage, wenn er ihm begegnete, weil er das Auf- und Niedertanzen des dicken Kugelbauches so lustig fand.

Einige meinten, daß Weißbart der älteste Zwerg von Waldhagen sei. Andere behaupteten aber, Brombuba wäre noch mindestens hundert Jahre älter. Hundert Jahre? Na ja, das war sicher übertrieben, aber jedenfalls viel älter. Brombuba ging mit zwei Stöcken. Sein Bart war so lang, daß er hinter ihm über den Boden schleifte. Im Dorf ließ er sich nie blicken. Alles, was er brauchte, wurde ihm ins Haus gebracht. Nur die älteren Zwerge kannten ihn noch von früher, als er noch gut laufen konnte und regelmäßig seine Besorgungen im Dorf selbst erledigt hatte. Die meisten der jüngeren Zwerge hatten ihn jedoch noch nie gesehen, ausgenommen Guffi und sein Freund Bobart. Der Kopf des alten Zwerges war nur einen Augenblick hinter den Gardinen aufgetaucht. Dann waren sie weggelaufen, so schnell sie konnten. Daß sie ihn eines Tages sehr gut kennenlernen würden, wußten sie damals noch nicht.

Jeden Morgen gingen Guffi und Bobart zusammen zur Schule. Sie wohnten nahe beieinander und waren dicke Freunde. Auf dem Wege zur Schule trafen sie nur gute Bekannte. Jeder fand die beiden lustigen Zwerge nett. Vielleicht deshalb, weil sie immer so fröhlich waren. Vielleicht auch, weil sie mit jedem ein paar freundliche Worte sprachen. Selbst der alte Weißbart meinte, die beiden könnten keiner Fliege etwas antun. Wenn Weißbart so etwas sagte, mußte es ja stimmen. Der Zwerg war so alt und so weise, daß er nichts Falsches sagen konnte. Natürlich wußte er auch, daß die zwei manchmal Unfug machten. Aber häßliche Streiche würden sie niemals aushecken. Davon war er jedenfalls fest überzeugt.

Dennoch sollte Guffi eines Tages in wenig angenehmer Weise mit dem alten Zwerg Brombuba in Berührung kommen. Wie schon gesagt, kannten die zwei Zwerge auf dem Wege zur Schule fast jeden. Sie winkten dem Bäcker freundlich zu, der hinter dem Ladentisch seine Brötchen verkaufte. Sie klopften an die Scheiben des Kolonialwarengeschäftes, wo der Kaufmann um diese frühe Stunde schon dabei war, seine Kunden zu bedienen. Wenn er auch noch so beschäftigt war, er nahm sich immer die Zeit, ihnen zuzuwinken, wenn sie an das Fenster tippten. Jedem, dem sie unterwegs begegneten, wünschten sie freundlich einen guten Morgen. Sogar mit dem großen Hund von Waldhüter Eichenbaum waren sie befreundet. Der Hund hieß Bello.

„Hallo, Bello!" rief Guffi dem Tier schon von weitem zu.

„Viel Vergnügen heute, Bello", fügte Bobart hinzu.

Und dann wedelte der Hund so freundlich mit dem Schwanze, daß er dabei ganze Staubwolken aufwirbelte. Ihr seht also, daß unser Zweiergespann bestimmt keine Feinde in Waldhagen hatte.

Aber nun müssen wir noch einmal etwas ausführlicher auf den uralten Zwerg Brombuba zu sprechen kommen. Er wohnte ungefähr zehn Minuten von der Schule entfernt in einem kleinen Häuschen, das am Ende des Weges lag. Als sie damals, im Vorbeigehen, ganz flüchtig sein Gesicht hinter den Gardinen gesehen hatten, waren sie doch ein wenig erschrocken gewesen. Guffi behauptete später, der alte Zwerg hätte überhaupt kein Gesicht gehabt, sondern überall nur wild wucherndes Haar. Das sagte Guffi zu jedem. Aber sie lachten ihn alle nur aus und sagten, das müsse er wohl geträumt haben. Bobart zuckte nur die Schultern, weil er nicht genau hingeschaut hatte. Als damals der Kopf hinter der Scheibe erschien, war er schleunigst davongerannt. Guffi blieb indessen dabei, daß er den Alten genau gesehen habe. Er behauptete auch, daß unter all diesen Haaren niemals ein freundliches Gesicht versteckt sein könne. Er nannte den Alten auch nie bei seinem richtigen Namen „Buba", sondern immer „Brombuba", was in der Sprache der dortigen Zwerge soviel wie Brummbär bedeutete. Außerdem sprach er stets vom bösen Brombuba. Dazu lag eigentlich gar kein Grund vor, denn noch nie hatte jemand im Dorfe etwas Böses über den alten Zwerg gehört. Aber es passierte noch mehr! Das Häuschen, in dem Brombuba – nennen wir ihn jetzt weiter so – wohnte, war sehr klein. Es hatte aber dafür einen riesengroßen Briefkasten. Ein etwas komisches, ja verrücktes Ding, wenn man ihn mit den anderen Kästen verglich. Man konnte bequem den ganzen Arm hineinstecken, und dann hatte man immer noch reichlich genug Platz. Das hatten unsere beiden Freunde schon häufig ausprobiert, als sie den Alten noch

nicht hinter dem Fenster gesehen hatten. Das Häuschen wirkte an sich immer, als ob es verlassen sei, als ob niemand dort wohnte. Unsere Freunde hatten auch schon einmal versucht, durch die Fenster hineinzuschauen. Das glückte jedoch nie, weil die Vorhänge stets zugezogen waren. Vielleicht war der Alte gar ein Zauberer. Vielleicht hatte er ein anderes Zimmer, in dem er ungestört in seinen Zauberbüchern lesen konnte. Bobart hatte vermutet, daß der alte Zwerg einen großen Teil des Tages im Bett verbrachte. Aber das waren alles nur reine Vermutungen. Auf ihre neugierigen Fragen beim Bäcker, Kolonialwarenhändler oder Metzger bekamen sie immer nur zur Antwort, daß Brombuba ein sehr weiser, sehr alter und sehr guter Zwerg sei. Mehr nicht.

Eines Tages, als Guffi und Bobart wieder am Häuschen des Alten vorbeigingen, meinte Guffi:

„Weißt du was? Wir werfen ihm jetzt eine Handvoll Sand und Steinchen in seinen Briefkasten.“

„Wozu das denn, Guffi? Er wird sich bestimmt nicht darüber freuen, und er hat uns ja schließlich nichts getan."

„Nein, das nicht, aber er kann kein guter Zwerg sein. Du hast damals sein Gesicht nicht gesehen, sonst würdest du mir recht geben."

„Du behauptest also, er hätte ein böses Gesicht?"

„Na ja, so genau hab' ich das auch wieder nicht gesehen. Aber unter all den Haaren kann ja unmöglich ein freundliches Gesicht verborgen sein, falls er überhaupt eins hat. Darum habe ich ihn ja den ‚bösen Brombuba' genannt. Machst du nun mit oder nicht?"

Aber Bobart schüttelte den Kopf.

„Du mußt selbst wissen, was du tust, Guffi. Aber ich mache bei so etwas nicht mit. Er hat uns nie etwas getan, und jeder sagt, daß er ein guter Zwerg ist. Nein, laß die Finger davon." Aber Guffi war von seinem albernen Plan nicht abzubringen.

Wozu hatte der Alte denn auch so einen verrückten Briefkasten? Der forderte einen ja direkt zu so etwas heraus. Für die Post war ein solches Monstrum bestimmt nicht notwendig. Guffi hatte längst vom Postboten gehört, daß der Alte niemals Briefe oder Zeitungen bekam. Ja, nicht einmal Drucksachen, weil sein Häuschen zu weit abseits lag.

Guffi nahm also eine Handvoll Sand, eine Handvoll Steine und warf beides durch den Briefkastenschlitz. Dann liefen die zwei rasch fort, ein Zeichen, daß auch Guffi genau wußte, daß er etwas Unerlaubtes getan hatte. In einiger Entfernung versteckten sie sich hinter einem Baum, um zu beobachten, was wohl passieren würde. Aber es geschah nichts, absolut nichts. Die Tür des Häuschens blieb zu, und der böse Brombuba erschien nicht.

Am folgenden Tag wiederholte Guffi das neue Spiel. Wieder sagte Bobart, daß er damit nicht einverstanden sei. Aber Guffi lachte ihn aus. Er schien sogar immer mehr Vergnügen an diesem Streich zu bekommen, weil sein Freund ihn ablehnte.

Nachdem Guffi sein neues Spiel mehrere Tage hintereinander ausprobiert hatte, ohne daß etwas geschehen war, änderte sich das plötzlich. An diesem Morgen waren die beiden Freunde etwas spät von daheim fortgegangen. Als sie am Häuschen vom Brombuba vorbeikamen, sagte Bobart:

„Komm, laß uns weitergehen, Guffi. Wir sind heute sowieso reichlich spät, und du weißt, daß wir Ärger bekommen, wenn wir uns verspäten.“

Aber Guffi war unverbesserlich. Er nahm eine besonders große Handvoll Sand und eine besonders große Handvoll Steine und schob sie durch den weiten Briefkastenschlitz. Aber dann sträubten sich ihm plötzlich die Haare vor Entsetzen. Jemand hatte ihn an den Händen gepackt und hielt ihn fest. Es gelang ihm zwar, die eine Hand freizubekommen, aber die andere brachte er nicht los. Als er verzweifelt begann, um Hilfe zu rufen, ging die Tür auf, und auf der Schwelle stand der böse Brombuba. Es war offensichtlich, daß er es gewesen war, der den Jungen festgehalten hatte. Als er jedoch die Tür aufmachte, mußte er Guffis Hand natür-

lich loslassen. Dafür hatte er ihn aber im gleichen Augenblick am Arm gepackt. Bobart hatte alles aus ein paar Metern Entfernung gesehen. Auch er war vor Schreck wie an den Boden genagelt stehengeblieben.

Schlotternd vor Angst, sah Guffi den alten Zwerg an. Er gewahrte dabei, daß er sich doch gründlich geirrt hatte, als er meinte, der alte Zwerg hätte gar kein Gesicht. Brombuba hatte zwar einen wüsten, sehr langen Bart, der seine Ohren ganz bedeckte, aber Augen, Mund und Nase waren doch deutlich zu sehen. Und diese Augen lächelten sogar ein bißchen, und die Mundwinkel waren freundlich nach oben gekrümmt, als er mit ein wenig krächzender Stimme sagte:

„Aha, du hast mir also jeden Tag den freundlichen Morgengruß in den Briefkasten geworfen. Wozu machst du das eigentlich?"

Guffi hob die Schultern. Auf diese Frage konnte er beim besten Willen keine Antwort geben. Aber er hatte längst nicht mehr solche Angst wie am Anfang. Brombuba blickte ihn immer noch freundlich an. Er schien gar nicht böse zu sein.

„Findest du das wirklich ein so schönes Spiel, Guffi?"

Er weiß sogar meinen Namen, dachte Guffi. Ob er doch ein Zauberer ist? Er fand es auf alle Fälle besser, die Wahrheit zu sagen.

„Ehrlich gesagt, ich empfand es als ein nettes Spiel", gestand er jetzt zögernd.

„Ach, so. Ja, das kann natürlich sein, Guffi, daß es Spaß macht, das Zeug dort hineinzuwerfen. Aber du wirst mir auch glauben, daß es weniger Spaß macht, es wieder wegzuräumen. Vor allem, wenn man alt ist, und einem der Rücken wehtut, so wie mir. Kannst du das vielleicht auch ein bißchen verstehen?"

„Ja", nickte Guffi eifrig zustimmend. Wenn der alte Zwerg ihm jetzt das Versprechen abgenommen hätte, es nie wieder zu tun, er hätte es ihm gern gegeben. Aber Brombuba sagte etwas ganz anderes.

„Ja, siehst du, wenn du das so gut verstehst, mußt du aber auch danach handeln", meinte er, immer noch freundlich. „Du hast den Sand und die Steine in den Hausflur geworfen, und deshalb solltest du das auch wieder wegräumen, finde ich."

„Ja, aber wir sind doch auf dem Weg zur Schule. Wir sind schon ziemlich spät daran, und der Hauptlehrer wird böse, wenn wir nicht zur Zeit dort sind.“

„Ja, das kann schon stimmen, aber trotzdem mußt du mir erst den Dreck forträumen, ehe ich dich gehen lasse. Du kannst gehen, Bobart, denn du hast ja bei dem Spielchen nie mitgemacht.“

Aber das wollte Bobart nicht. Er ließ seinen Freund nicht im Stich. So bekamen sie beide einen Besen und ein Kehrblech und

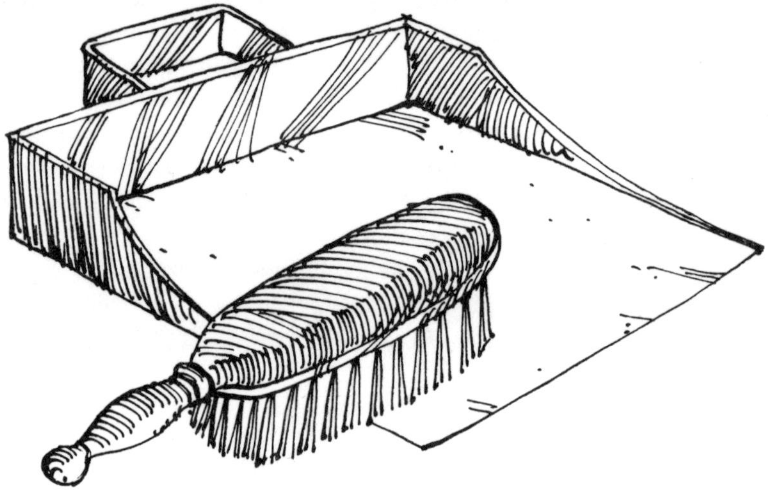

begannen den Sand und die Steine wegzukehren. Sie waren diese Art von Arbeit nicht gewöhnt, und es dauerte ein Weilchen, bis alles wieder schön sauber war. Denn in dieser Beziehung machte es ihnen Brombuba doch nicht so leicht. Immer wieder sah er in dieser oder jener Ecke doch noch ein Steinchen liegen. Oder es knirschte irgendwo unter seinen Schuhen, weil dort ein paar Sandkörner liegengeblieben waren. Dann mußten Besen und Kehrblech von neuem in Aktion treten. Endlich waren sie dann so weit. Es war inzwischen halb neun geworden, und die Schule fing um acht Uhr an. Oh, wie würde der Hauptlehrer schimpfen! Mit ein wenig kleinlauter Stimme fragte Guffi, ob sie jetzt gehen könnten. Aber Brombuba schüttelte den Kopf und sagte, daß sie noch einen Augenblick warten müßten.

„Bleibt hier im Flur stehen", sagte er. Sie schauten ihm verblüfft nach, als er hinausging und die Tür hinter sich zuzog.

Gleich darauf kamen zwei große Hände durch den Schlitz des Briefkastens, die Hände von Brombuba. Und die eine Hand war voll Sand und die andere voller Steine. Es war bestimmt die dreifache Menge wie Guffi sie in seinen kleinen Händen halten konnte. Die Steine und den Sand warf der alte Zwerg, so weit er nur konnte, in den Flur hinein. Die kleinsten Steinchen landeten ganz hinten, vor der Küchentür.

Darauf machte er die Tür wieder auf und sagte freundlich: „Nun, habe ich nicht gut geworfen? Ihr seht also, daß ich das auch kann. So, und nun fegt den Dreck wieder schön weg. Siehst du, Guffi, wenn ihr morgens zur Schule gingt, hatte ich meinen Flur immer schon blitzsauber gefegt. Und dann kam jedesmal dein freundlicher Gruß, und ich konnte von neuem beginnen. Jetzt sollst du auch einmal sehen, wie langweilig das ist, wenn man die gleiche Arbeit zweimal hintereinander machen muß. Na, denn fangt mal schön an. Desto eher seid ihr fertig."

Guffi wagte nicht zu sagen, daß sie nun noch viel später zur Schule kommen würden. Bobart blieb seinem Freund auch jetzt noch treu. Seufzend begannen sie zum zweitenmal mit der Fegerei. Immer wieder mußten sie die Ecken und Winkel auskehren, denn Brombuba war sehr genau. Aber endlich war er doch zufrieden, und sie durften zur Schule gehen.

Inzwischen war es neun Uhr geworden, und es spielte keine Rolle mehr, ob sie ein paar Minuten früher oder später dort sein würden. Sie schauten sich noch ein paarmal um. Brombuba stand auf der Türschwelle und sah ihnen nach. Er winkte ihnen sogar zu.

Guffi versuchte unterwegs seinem Freund noch klarzumachen, daß er ja nun wohl selbst gesehen habe, daß Brombuba ein böser Zwerg sei. Aber davon wollte Bobart nichts wissen.

„Nein, böse ist er ganz und gar nicht. Ich finde, daß dir ganz recht geschehen ist."

„Aber daß er, als wir fertig waren, extra noch einmal Sand in den Flur geworfen hat, findest du das vielleicht nicht gemein?"

Darüber mußte Bobart lachen.

„Lieber Freund, wir haben den Dreck nur zweimal fegen müssen! Und wie oft, glaubst du, hat es der arme, alte Brombuba tun müssen? Mindestens sechsmal! Nein, wenn du mich fragst, böse ist er ganz und gar nicht. Er ist im Gegenteil ein sehr weiser und gütiger Zwerg."

Guffi zögerte noch einen Augenblick. Aber dann war er doch ehrlich genug zuzugeben, daß sein Freund recht hatte.

Von diesem Tage an winkten unsere zwei nicht nur dem Bäcker, Metzger und Kolonialwarenhändler, wenn sie zur Schule gingen. Nein, am herzlichsten grüßten sie den guten, alten Brombuba, der nie versäumte, die Vorhänge beiseitezuschieben, wenn sie bei ihm vorbeikamen.

## *Löst das Bilderrätsel mit Hilfe von Farben*

Im ersten Augenblick sieht man hier nur einen heillosen Wirrwarr von Kreuzchen, Kreisen und Strichen sowie ein ungeordnetes, nichtssagendes Linienspiel. Dieses Rätsel kann man aber leicht mit Hilfe von Farben lösen. Malt die Felder, in denen ein Kreuzchen eingezeichnet ist, hellblau; die mit einem Kreis braun; die mit einem Punkt schwarz; die, die einen senkrechten Strich enthalten, rot; die mit einem waagerechten Strich gelb; die mit einem V grün und diejenigen mit einem Doppelpunkt dunkelblau. Die leeren Felder bleiben weiß. Damit ist das Geheimnis gelöst.

(Auflösung hinten im Buch)

## *Das ist doch falsch!*

Der arme Soldat hatte ausgerechnet an den Weihnachtsfeiertagen Dienst! Ohne Tannenbaum wollte er das Fest nicht verleben. Er ging also zum Markt, suchte sich einen schönen Baum aus und kaufte auch Kerzen und Christbaumschmuck. Darauf kehrte er stolz in die Kaserne zurück und begann sofort, seinen Baum zu schmücken. Als er dann auch die Kerzen anzündete, hätte er diesen festlichen Augenblick gern im Bilde festgehalten, aber es war niemand da, der einen Fotoapparat hatte. Wohl aber trieb er schließlich einen Soldaten auf, der gut zeichnen konnte. Diesen bat er, von dem feierlichen Moment zwei gleiche Zeichnungen anzufertigen. Eine davon wollte er seiner Frau schicken, die andere seiner Mutter, damit seine Lieben daheim mit eigenen Augen sehen konnten, wie schön er es hatte. Hier sind also die beiden gleichen Zeichnungen, die der Soldat gemacht hat. Sind sie wirklich in allem gleich? Wenn wir einmal davon ausgehen, daß das rechte Bild richtig ist, so müßtet ihr auf dem Bild links daneben nicht weniger als zwölf Fehler entdecken.

(Auflösung hinten im Buch)

## *Welche Gefahr droht Bauer Harms?*

Wenn ihr euch die Zeichnung einmal genau anschaut, werdet ihr bald dahinterkommen, welche Gefahr Bauer Harms droht.

(Auflösung hinten im Buch)

## *Bäcker Bollejan backt Rosinenbrötchen*

„Bäckermeister Bollejan versteht sein Handwerk", sagten die Leute in Weidendorf oft zueinander. Sie waren überzeugt, daß keiner besseres Brot backen könnte als er. Das war nicht nur Einbildung. Schon oft hatten Bäcker aus umliegenden Dörfern bei ihm angefragt, ob er ihnen nicht verraten könnte, wie sein köstliches Brot hergestellt wurde. Sogar Bäcker aus der Stadt hatten die Reise nach Weidendorf nicht gescheut. Aber aus Bollejan hatten sie nichts herausbekommen. Er backte sein Brot, wie er es von seinem Vater gelernt hatte, und sein Großvater hatte es schon ebenso gemacht. Sicherlich auf eine ganz besondere Art, das wohl. Sonst wären nicht alle seine Kunden so begeistert gewesen.

Bäcker Bollejan war nicht gelehrt, aber auch nicht dumm. Er konnte lesen und schreiben, zählen und rechnen und auch ein bißchen multiplizieren. Aber am besten konnte er backen. Und wie er es machte, das verriet er nicht. Darin hatte er eigentlich ganz recht. Denn wenn alle Bäcker das Brot auf seine Art gebakken hätten, wäre der Reiz des Besonderen ja dahin gewesen.

Der einzige, der das Geheimnis kannte, war sein Knecht Jeroen. Er mußte es ja wissen, da er Bollejan sonst nie in der Bäckerei hätte helfen können. Aber bevor Bollejan seinen Knecht eingestellt hatte, mußte Jeroen ihm zuerst mit der Hand auf dem Herzen schwören, daß er niemals etwas von den Backgeheimnissen preisgeben würde. Er durfte nicht einmal verraten, welches Holz im Backofen benutzt wurde. Jeroen wollte so gern bei Bollejan in Dienst treten, daß er alles feierlich gelobte.

Es wurde Jeroen nicht leicht gemacht, sein Versprechen zu halten. Immer wieder kam es vor, daß andere Bäcker ihn auszuhorchen versuchten. Sie machten ihm sogar große Versprechungen für den Fall, daß er die Katze aus dem Sack lassen würde. Aber der Knecht ließ sich auf so etwas niemals ein. Was er einmal versprochen hatte, das hielt er.

So vergingen Jahre. Jeder aß das berühmte Bollejanbrot, und

alle waren sehr zufrieden. Auch der Knecht arbeitete gern in der Bäckerei.

Eines Tages aber hatte Bollejan den Einfall, er könnte doch auch einmal etwas anderes backen. Aber was denn nur? Er besprach die Sache mit Jeroen, aber der hielt nicht viel davon. Da Jeroen der einzige war, mit dem er darüber sprechen konnte, und der Gehilfe keine Idee hatte, lag der Bäcker nachts schlaflos in seinem Bett und dachte nach. In einer von diesen Nächten bekam er plötzlich einen Einfall. Wie wäre es, wenn er einmal versuchen würde, Rosinenbrötchen zu backen? Das hatte vor ihm noch keiner getan. Kleine, runde Brötchen mit sehr viel Rosinen darin. Ja, das wäre doch einmal etwas ganz Besonderes.

Es ist seltsam genug, daß es zu der Zeit, als Bollejan dieser Einfall kam, noch keine Rosinenbrötchen gab. Aber so ist es mit vielen Dingen gegangen. Es gab auch eine Zeit, wo keiner wußte, was ein Mohrenkopf, eine Cocacola oder ein Kaugummi ist. Und nun wollte er der erste sein, der Rosinenbrötchen backte.

Er machte kein Geheimnis daraus. Jeder sollte ruhig wissen, was er vorhatte. Wenn auch andere Bäcker es versuchen sollten, so wußten sie doch nicht, was für Teig er benutzte. Er hatte geglaubt, die Dorfbewohner würden sich sehr über seinen neuen Einfall freuen und ihn gutheißen. Zu seiner maßlosen Enttäuschung mußte er feststellen, daß dem nicht so war. Die meisten meinten, sie hätten sowieso kein Geld für solche ausgefallenen, teuren Sachen.

„Ihr seid geizig", antwortete Bollejan enttäuscht.

„Wenn ihr nicht so knickerig wäret, könntet ihr euch gut Rosinenbrötchen leisten."

„Wieso, kein Mensch hat sie bestellt", wurde ihm entgegengehalten.

„Noch nicht, weil ich der erste bin, der sie erfunden hat. Aber wartet nur ab. Ihr werdet sehen, daß ihr mir den Laden einrennt, wenn ihr sie erst probiert habt."

Noch am selben Abend begannen Bollejan und Jeroen große Schüsseln mit Teig anzurühren. Genau wie sonst auch, nur daß noch ein paar Beutel mit Rosinen hineinkamen. Der Teig wurde dann zu kleinen Kugeln von der Größe eines Tennisballes geformt. Diese Bälle wurden fein säuberlich auf große Regale nebeneinander aufgereiht. Darauf gingen Bollejan und Jeroen schlafen, damit der Teig in der Nacht gut aufgehen konnte. Am folgenden Morgen in der Frühe wollten sie dann mit dem Backen beginnen.

Bollejan konnte zuerst vor Aufregung nicht einschlafen, aber nach langem Gewühle im Bett, gelang es ihm schließlich doch. Jeroen kannte überhaupt keine Schlaflosigkeit. Wenn er ein Bein im Bett hatte, mußte er aufpassen, daß er nicht schon einschlief, bevor das andere nachkam. So auch jetzt. Er erwachte erst, als ihn der Bäcker am Arm aus dem Bett zog. Dann gingen sie zusammen in die Bäckerei. Sie hofften, daß die Kügelchen gut aufgegangen sein würden. Da ja Rosinen im Teig waren, konnte man nie wissen, wie er sich verhielt. Es war aber etwas ganz anderes passiert. Als sie vor den Regalen standen, auf denen sie die hunderten Bällchen untergebracht hatten, verschlug es dem Bäcker vor Schreck die Sprache. Sämtliche Rosinen waren verschwunden.

Der Meister war außer sich vor Zorn. Er wollte Jeroen die Schuld in die Schuhe schieben. Er behauptete, der Gehilfe müsse nachts heimlich aufgestanden sein, um die Rosinen aus dem Teig zu polken. Diese Beschuldigung war einfach lächerlich. Jeroen hatte ihm nun schon so lange treu gedient, daß er hätte wissen sollen, daß es keinen ehrlicheren Menschen weit und breit gab. Das Schlimmste war, daß er Jeroen auch noch auf der Stelle entließ. Er würde künftig seine Brötchen allein backen, sagte er. Dabei blieb er, obwohl der Junge darauf beharrte, daß er mit dem Verschwinden der Rosinen nichts zu tun habe.

Traurig und bekümmert ging der Geselle nach Hause. Und was sollte Bollejan jetzt anfangen? Die Brötchen konnten nicht zum zweiten Mal mit Rosinen gefüllt werden. Zum Wegwerfen waren sie aber auch zu schade. So beschloß er also, sie einfach normal zu backen. Das glückte auch, nur waren an den Stellen, wo vorher

Rosinen gewesen waren, jetzt überall Löcher zu sehen. Diese seltsamen Brötchen verkaufte der Bäcker seinen Kunden etwas billiger als normal, weil sie ein bißchen unansehnlich aussahen mit all den Löchern. Aber, obwohl sie preiswerter waren, nörgelten die Kunden trotzdem.

„Natürlich, das kommt davon“, sagten sie zu einander, „wenn man unbedingt so komische Extratouren machen will. Dabei haben wir ihm ausdrücklich gesagt, daß er das wegen uns nicht zu tun braucht. Jetzt bekommen wir Brot mit Löchern. Das nächste Mal bekommen wir vielleicht Löcher mit etwas Brot darum. Und schließlich wird er nur noch Löcher verkaufen. Nein, wenn er so weitermacht, müssen wir sehen, daß wir uns einen anderen Bäkker suchen.“

Aber Bollejan ließ sich nicht so rasch aus der Fassung bringen. Noch am gleichen Abend machte er wieder ein paar hundert Teigballen, natürlich mit Rosinen darin. Darauf ging er ruhig schlafen. Da er Jeroen entlassen hatte, konnte keiner mehr seine Rosinen mopsen, glaubte er. Das war ihm eine große Beruhigung.

Als der Bäcker jedoch am nächsten Morgen die Backstube betrat, sträubten sich ihm die Haare vor blankem Entsetzen. Wieder waren alle Rosinen aus den Brötchen verschwunden! Tief bekümmert ging er zunächst zum Hause von Jeroen und sagte, daß es ihm entsetzlich leid täte, ihn für den Übeltäter gehalten zu haben, ob er wieder bei ihm arbeiten wolle? Glücklicherweise trug ihm der Junge die Sache nicht nach, da er einsah, daß sein Meister durch die Aufregung mit den Rosinen ganz durcheinandergeraten war. Er ging also mit dem Bäcker, und zusammen machten sie sich wieder an die Arbeit. Aber auch diesmal bekamen die Kunden Brötchen mit Löchern zu essen.

Am Mittag besprachen dann Bollejan und Jeroen ausführlich, wie sie diesem Spuk ein Ende bereiten könnten. Sie kamen überein, abwechselnd in der Backstube Wache zu halten. Dann mußte sich ja herausstellen, wer die Rosinen mopste.

Gesagt, getan. Als Hunderte mit Rosinen gefüllte Mehlkugeln säuberlich ausgerichtet auf den Regalen lagen, verbargen sich Bollejan und Jeroen hinter ein paar aufgestapelten Mehlsäcken. Sie hatten vereinbart, daß jeder dem anderen den Ellenbogen in die Rippen stoßen sollte, wenn er in Schlaf sänke. Das Rätsel mußte in dieser Nacht unbedingt gelöst werden.

Jeroen drohte wohl an die zehnmal einzunicken, aber jedesmal machte ihn Bollejan wieder wach. Gegen vier Uhr bekam der Geselle einen derartig heftigen Rippenstoß, daß er fast weggerollt wäre. Als er seinen Meister ein bißchen böse anschaute, sah er, daß Bollejan den Finger auf den Mund legte. Und tatsächlich, jetzt hörte auch er, daß es irgendwo raschelte und wisperte. Gleich darauf glaubte er, seinen Augen nicht trauen zu können, als aus dem Schornstein des Backofens ein ganzes Heer von Zwergen zum Vorschein kam. Lautlos schlichen sie darauf zu den

Regalen, auf denen die mit Rosinen gefüllten Teigballen lagen. Vorneweg ging ein alter Zwerg mit langem, silbern glänzendem Bart. Das schien der Anführer zu sein, vielleicht gar der Zwergenkönig. Der Bäcker wartete noch einen Moment, bis die Zwerge anfingen, die Rosinen aus dem Teig zu holen. Dann kam er plötzlich hinter den Mehlsäcken hervor und rief mit donnernder Stimme:

„Habe ich euch endlich erwischt, verdammtes Diebsgesindel!"

Wie der Blitz packte er den alten Zwerg mit dem langen Bart und hielt ihn fest. Die anderen Zwerge wollten zuerst flüchten, aber als sie sahen, daß ihr Anführer geschnappt worden war und keine Aussicht bestand, daß er wieder freikäme, überlegten sie es sich anders. Einer von ihnen, man konnte sehen, daß er ein bedeutender Zwerg war, kam näher und sagte mit bittender Stimme:

„Ach, lieber, guter Bäcker, laß doch bitte unseren König wieder los. Wir versprechen dir feierlich, daß wir dich nie mehr belästigen werden. Das Ganze war doch nur ein Irrtum."

„Ein schöner Irrtum", sagte Bollejan wütend, „ich werde wohl die Polizei verständigen müssen. Etwas anderes kommt gar nicht in Frage."

Nun begannen die Zwerge herzzerreißend zu jammern. Aber der Bäcker tat so, als ob sein Entschluß feststände. In Wirklichkeit hatte er sich etwas ganz anderes ausgedacht, denn er konnte nicht nur gut backen, sondern war auch ein Schlaukopf.

Nachdem die Männlein eine ganze Weile gewehklagt und gewimmert hatten, sagte er, er wolle die ganze Angelegenheit für diesmal vergessen, aber dafür müßten sie etwas für ihn tun.

Von allen Seiten schrien die Zwerge nun durcheinander, daß sie alles für ihn tun würden, was er von ihnen verlange. Darauf vereinbarte Bollejan mit dem König, daß er ihm jede Nacht zehn Zwerge schicken müsse, um ihm bei der Arbeit zu helfen. Er sah nämlich voraus, daß er, wenn die Leute erst einmal seine Rosinenbrötchen versucht haben würden, vor lauter Bestellungen mit dem Backen nicht mehr nachkommen würde. König Silberbart gab ihm nur zu gern seine Zustimmung. Und Bollejan hatte wieder einmal recht gehabt. Nachdem die Leute die Rosinenbrötchen versucht hatten, schienen sie plötzlich doch genug Geld zu haben, um welche zu kaufen. Und der Bäcker bekam noch viel mehr Kunden hinzu, sogar aus der Stadt. Tag für Tag mußte er jetzt Tausende von Rosinenbrötchen backen. Die Leute konnten nicht begreifen, wie er all die Arbeit mit einem einzigen Gehilfen schaffen konnte.

Aber wenn jemand danach fragte, gab Bollejan keine Antwort. Und auch Jeroen plauderte darüber nichts aus. Sie hatten nämlich dem Zwergenkönig feierlich geloben müssen, keinem zu erzählen, daß sie jede Nacht Hilfe von seinen Zwergen bekamen.

## *Wir knüpfen ein Geflecht*

Wir wollen ein hübsches Flechtwerk knüpfen. Das fertige Geflecht kann man vielseitig verwenden: Zum Beispiel als Gürtel, als Halterung, um Vorhänge zusammenzuhalten usw. Das Gute dabei ist, daß, was das Material anbetrifft, praktisch keine Kosten damit verbunden sind. Man benötigt dazu:

1. Eine große Sicherheitsnadel
2. Sechs lange, bunte Fäden aus Wolle oder Baumwolle.

Wie lang diese Fäden sein müssen, hängt natürlich ganz davon ab, wozu man das fertige Produkt verwenden möchte. Man geht folgendermaßen zu Werke. Zunächst muß man die Fäden doppelt nehmen, so daß die Enden unten gleich lang sind. Nun schlingt man mit jedem Faden um die Sicherheitsnadel einen Knoten, wie es Abbildung 2 deutlich zeigt. Hat man das mit allen sechs Fäden getan, so muß das Ergebnis aussehen wie in Beispiel 1 angegeben. Nun beginnt das Flechten. Das ist eine höchst einfache Sache. Man muß nur genau arbeiten und gut aufpassen. Man beginnt mit Faden Nummer 2 (s. Abb. 3) und schiebt ihn über Faden Nr. 1. Dann läßt man ihn senkrecht herabfallen. Jetzt kommt Faden Nr. 3 an die Reihe. Ihn schiebt man unter 2 hindurch und darauf über 1 hin, worauf man ihn ebenfalls senkrecht herabfallen läßt. Faden 4 geht über 2 weg, unter 1 hindurch und über 4. Ihr werdet jetzt gemerkt haben, wie es weitergeht. Man darf das Ganze natürlich nicht zu locker knoten. Auf Abb. 3 ist der Abstand zwischen den Fäden nur aus Gründen der besseren Übersicht und Anschaulichkeit viel zuweit dargestellt. Ist die Kordel für den beabsichtigten Zweck lang genug, macht man am Ende eine Anzahl kräftiger Knoten hinein. Statt Woll- und Baumwollfäden kann man natürlich auch dünne Schnur verwenden. Und nun, macht euch frisch ans Werk, und laßt es euch nicht verdrießen, wenn es nicht gleich klappt!

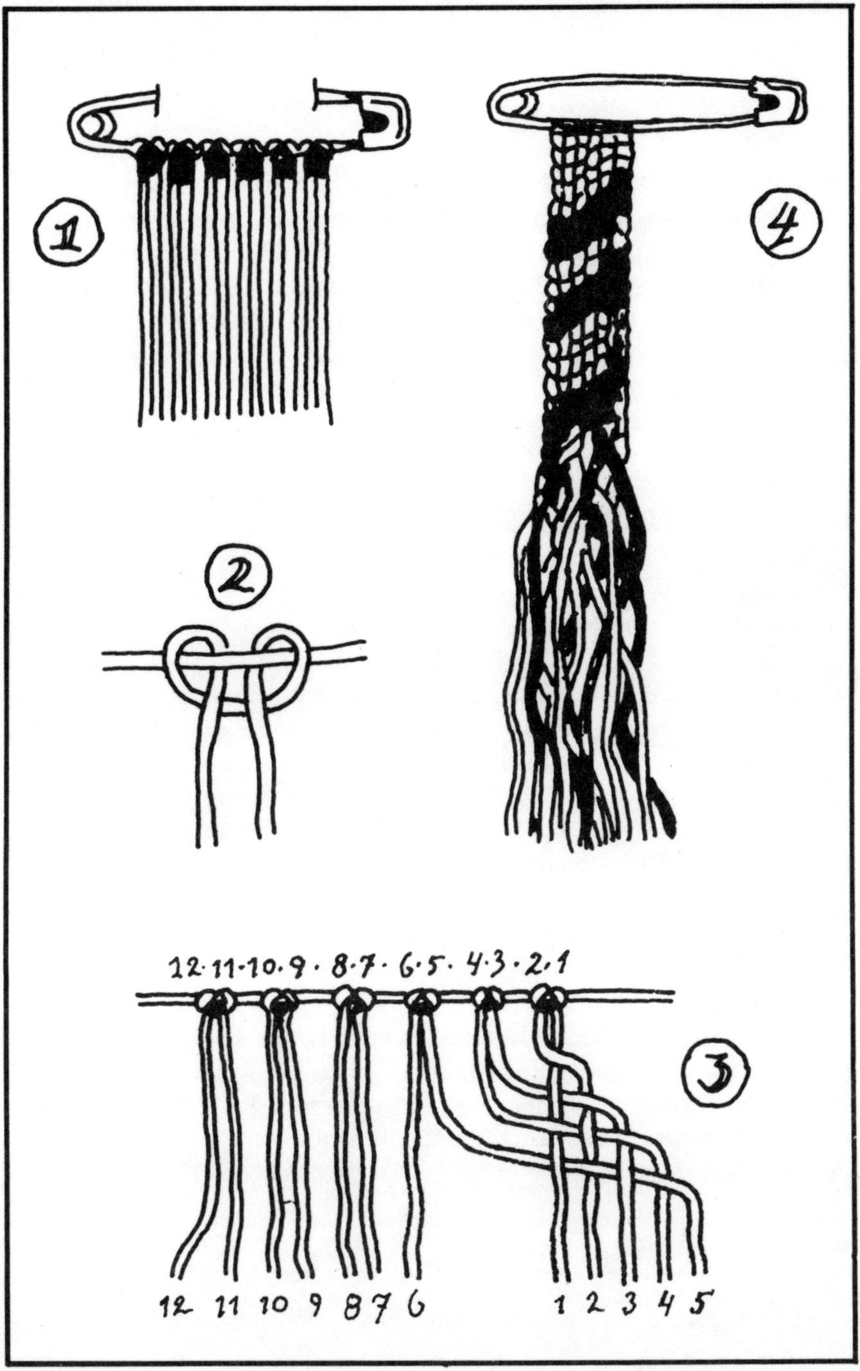
1
4
2
12·11·10·9·8·7·6·5·4·3·2·1
3
12 11 10 9 8 7 6 1 2 3 4 5

## *Wir schnitzen einen Brieföffner*

Sagt jetzt bitte nicht, daß ihr doch fast nie einen Brief bekämt und deshalb keinen Brieföffner gebrauchen könntet. Dann macht ihr ihn eben für euren Vater, eure Mutter oder für einen netten Nachbarn oder Onkel. Es werden sich immer Leute in eurer Umgebung finden, denen ihr mit einem solchen selbstgemachten Geschenk eine Freude bereiten könnt. Es kostet nämlich nichts, außer einem bißchen Zeit. Man hat dazu folgende Materialien und Werkzeuge nötig:

ein Ästchen von etwa 20 cm Länge und 2 cm Durchmesser
ein Stück feines Schmirgelpapier
ein scharfes Taschenmesser
eine Rundfeile
klaren Firnis und einen kleinen Pinsel

Das Ästchen muß frisch (also nicht ausgetrocknet) sein. Man tut ferner gut daran, ein zähes Holz zu wählen, das nicht bei jedem Stoß abbricht. Abbildung 1 stellt ein solches Stück Holz dar. Jetzt bearbeitet man das Holz so lange, bis es die Form bekommen hat, die Abbildung 2 zeigt. Vorder- und Rückseite müssen in der gleichen Weise bearbeitet werden. Dann müssen die zwei bearbeiteten Seiten mit feinem Schmirgelpapier glattgeschmirgelt werden. Darauf werden mit einem scharfen Taschenmesser 1 oder 2 Doppelringe in die Rinde geschnitten (Abb. 3). Der Zwischenraum zwischen den beiden Ringen wird ausgehöhlt, so daß zwei hübsche ringförmige Aussparungen entstehen. Diese werden mit einer Rundfeile glattgefeilt (Abb. 4). Das Ende des Handgriffes wird mit Schmirgelpapier kugelförmig geschliffen (Abb. 3 und 4). Bestreicht den Brieföffner noch mit einer oder zwei Schichten klaren Lacks, und das Werkstück ist gebrauchsfertig (Abb. 5).

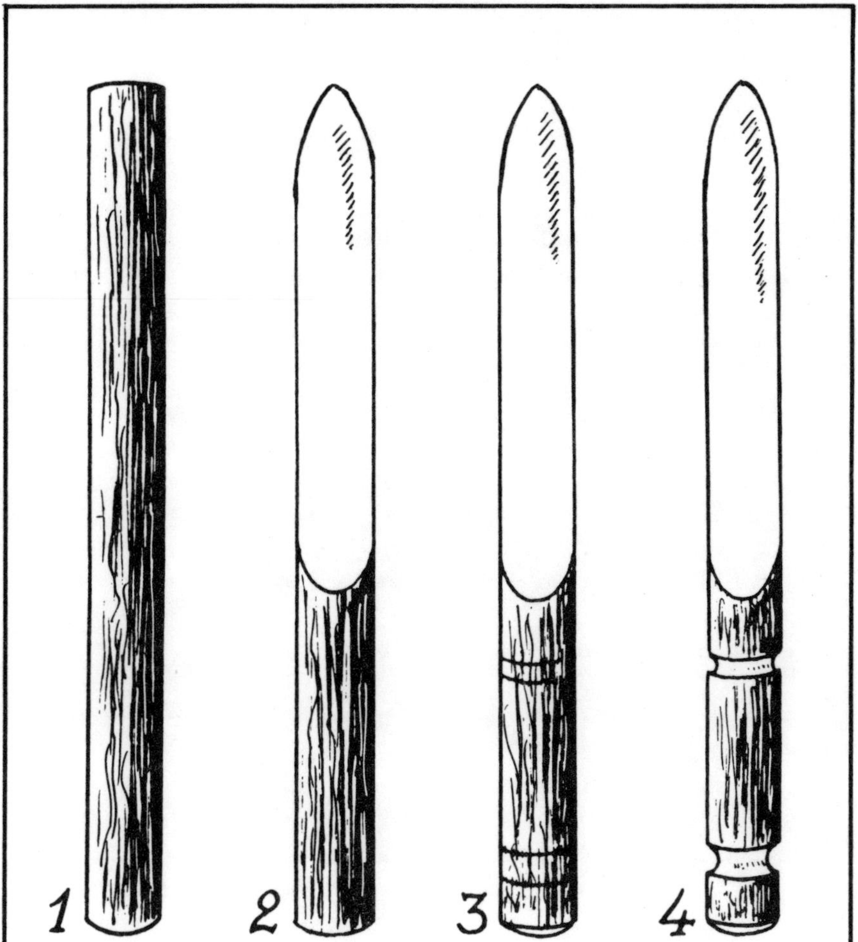
1
2
3
4
5

## *Wir basteln uns ein Abzählspiel*

Wir wollen dieses nette Spiel nicht nur spielen, sondern es uns zuerst selbst machen. Das ist eine lustige Freizeitbeschäftigung, und wir können dann unser Spiel auch mitnehmen, wenn wir zu einer Geburtstagsfeier oder sonst irgendwo eingeladen sind. Für das Spiel benötigen wir folgendes Material:

- ein Stück glatten, weißen und starken Pappkarton von 30 x 30 cm;
- einen Streifen Pappkarton von mindestens 40 cm Länge und 5 cm Breite;
- ein wenig schwarze und weiße Farbe (Filzstift geht auch);
- ein Lineal und eine Schere (eventuell auch ein scharfes Taschenmesser)
- einen Bleistift oder Kugelschreiber.

Seid ihr so weit? Dann können wir loslegen. Wir nehmen das große Stück Pappkarton und schmücken es mit 12 kleinen Kreisen, von denen jeder einen Durchmesser von 3 cm haben muß. Sie gehören an die Stellen, die auf der Zeichnung mit den schwarzen Scheiben und der einen weißen Scheibe dargestellt sind. Ein guter Rat: Wenn ihr in der Küche einen Topfdeckel von ungefähr 25 cm Durchmesser findet, könnt ihr euch die Arbeit sehr erleichtern. Ihr legt den Deckel auf das große, viereckige Stück Karton und zeichnet den Umriß des Deckels mit einem Bleistift auf den Karton. Der große Kreis läuft dann durch den Mittelpunkt der kleinen Kreise, die ihr darauf zeichnet. Man kann der Einfachheit halber auch noch das Kartonstück durch dünne Bleistiftstriche in vier gleiche Teile unterteilen, also senkrecht und waagerecht, indem man in 15 cm Abstand vom Rand zwei dünne Bleistiftlinien zieht. Nun weiß man auf alle Fälle, wohin die oberste, die unterste und die äußerste linke und rechte Scheibe kommen. Die Scheiben markiert ihr auf dem Karton, indem ihr mit Bleistift

oder Kugelschreiber um ein Fünfmarkstück herumfahrt. Bleistiftstriche sollte man mit Kugelschreiber nachziehen. Elf Kreise malt ihr schwarz, den zwölften laßt ihr weiß. Nun habt ihr also die Stellen markiert, wo später die „Spielsteine“ liegen werden.

Um diese herzustellen, zeichnet ihr wieder mit Hilfe eines Fünfmarkstückes die Umrisse auf den Streifen Pappkarton (zwölfmal). Darauf schneidet ihr sie mit einer Schere oder einem scharfen Taschenmesser aus. Nun habt ihr folglich 12 Scheiben. Elf davon malt ihr mit Filzstift schwarz, die zwölfte lassen wir weiß. Darauf legen wir die Scheiben auf die markierten Stellen auf dem viereckigen Pappkarton. Das Spiel kann beginnen. Nun holt ihr die Scheiben eine nach der anderen herunter, aber auf eine ganz bestimmte Weise. Fangt bei einer beliebigen Scheibe zu zählen an (im Sinne des Uhrzeigers, also stets rechts herum) und nehmt die zwölfte Scheibe weg. Dann wird weitergezählt, wobei ihr jetzt bei der Scheibe nach derjenigen, die ihr fortgenommen habt, beginnen müßt. Wieder wird die zwölfte Scheibe entfernt. Nun zählt ihr immer weiter, stets beginnend bei der Scheibe nach derjenigen, die zuletzt weggenommen worden ist. Über die leeren Stellen springt ihr einfach hinweg, denn diese Scheiben sind fort und damit aus dem Spiel ausgeschieden. So fahrt fort, bis schließlich nur noch eine einzige Scheibe liegenbleibt. Und diese letzte muß die weiße Scheibe sein! Wenn ihr den Trick herausgefunden habt und wißt, wo ihr mit dem Zählen beginnen müßt, klappt das immer! Sicher werdet ihr eine Weile brauchen, es herauszufinden. Wenn ihr es aber einmal könnt, seid ihr gut dran. Ihr könnt das Spiel euren Freunden und Freundinnen vorführen, und sie dann selbst probieren lassen. Auch die Eltern können es einmal versuchen. Ihr werdet sehen, daß sie genauso viel Mühe wie ihr haben werden, den Trick herauszufinden.

(Auflösung hinten im Buch)

# *Bert, der Architekt*

Bert will später Architekt werden. Hier fertigt er gerade die Zeichnung eines seiner Traumgebilde an. Wollt ihr wissen, was er sich für eine Zeichnung vorstellt? Dann verbindet alle Punkte, die eine gerade Zahl tragen (2, 4, 6 usw.) mit einem Strich. Fangt bei 2 an und endet bei 52. Dann wißt ihr, was Bert auf seiner Zeichnung plant.

(Auflösung hinten im Buch)

## *Linien ziehen mit System*

Ihr seht auf der rechten Seite des Buches ein Viereck, das aus 64 kleinen Viereckchen besteht. Die kleinen Kästchen sind numeriert von 1-64. Ihr braucht jetzt nichts anderes zu tun, als die Mittelpunkte dieser Kästchen – mit Ausnahme von Fach Nr. 50 – durch eine Linie miteinander zu verbinden. Ihr beginnt bei Kästchen Nr. 1 und endet bei Kästchen Nr. 64. Die Linienführung ist nicht an die richtige Reihenfolge der Zahlen gebunden, aber die Linien dürfen sich nirgendwo kreuzen. Fach Nr. 50 ist das einzige Kästchen, das bei dieser Linienführung ausgespart werden soll. Ihr könnt mit dem Linienziehen im Buch beginnen. Wenn ihr das Buch jedoch ordentlich halten wollt, dann übertragt euch doch das ganze Viereck auf dünnen, weißen Karton.

## *Teppichverlegen mit Köpfchen*

Zeichnet euch zunächst das Rechteck auf dünnen, weißen Karton. Das ist kein Problem, wenn ihr darauf achtet, daß die Kästchen genau 1 cm lang und 1 cm breit werden. Das ganze Rechteck ist neun Kästchen hoch und zwölf Kästchen breit. Genau in der Mitte werden acht Kästchen mit einem dicken, schwarzen Strich abgegrenzt.

Und nun folgt die eigentliche Aufgabe. Ein Wohnungseinrichter soll jemanden, der umziehen will, beraten. Es geht um einen sehr kostbaren Teppich, der den Boden eines Raumes von 9 x 12 Meter Größe bedeckt. Der entsprechende Raum in der neuen Wohnung ist aber nur 10 x 10 Meter groß. Der Teppich muß also auseinandergeschnitten werden, aber so, daß die beiden Teile zusammengelegt ein Viereck von 10 x 10 Meter Größe genau bedekken würden. Beim Zerschneiden des Teppichs sollen die mittleren acht Kästchen, also die mit der starken Linie umrandeten, wegfallen, weil dieser Teil des Teppichs ein wenig verschlissen ist. Versucht nun einmal herauszufinden, wie der Wohnungseinrichter dieses Problem zur vollen Zufriedenheit lösen kann.

(Auflösungen hinten im Buch)

| | | | | | | | |
|---|---|---|---|---|---|---|---|
| 1 | 2 | 3 | 4 | 5 | 6 | 7 | 8 |
| 9 | 10 | 11 | 12 | 13 | 14 | 15 | 16 |
| 17 | 18 | 19 | 20 | 21 | 22 | 23 | 24 |
| 25 | 26 | 27 | 28 | 29 | 30 | 31 | 32 |
| 33 | 34 | 35 | 36 | 37 | 38 | 39 | 40 |
| 41 | 42 | 43 | 44 | 45 | 46 | 47 | 48 |
| 49 | 50 | 51 | 52 | 53 | 54 | 55 | 56 |
| 57 | 58 | 59 | 60 | 61 | 62 | 63 | 64 |

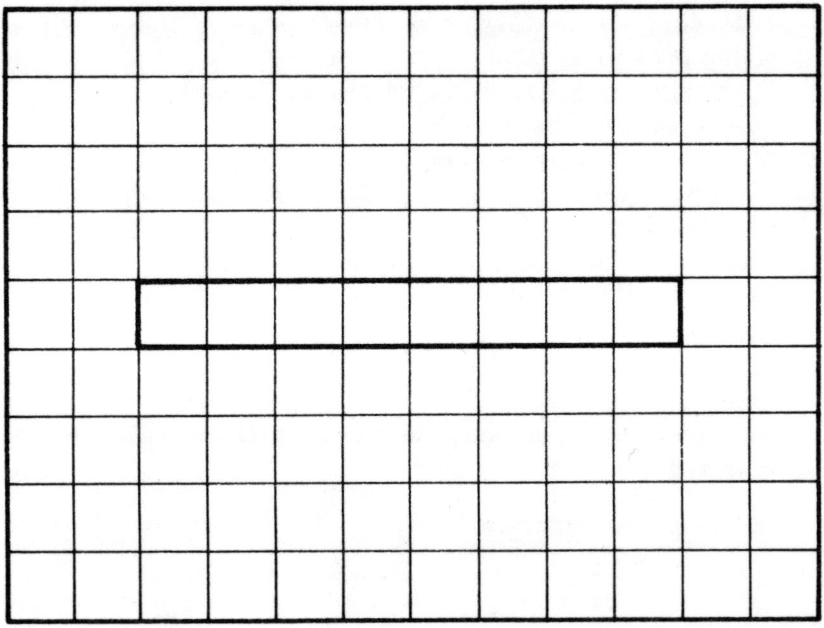

## *Wer kommt dahinter?*

1. Mit welchem Ball kann man keinen Sport treiben?
2. Wem kann man ohne Gefahr ein Geheimnis anvertrauen?
3. Welche beiden Böcke brauchen weder Futter noch Wasser?
4. Was kann gut rollen, ist aber so flach wie ein Groschen?
5. Welche drei Könige haben keine Untertanen?
6. Auf welchem Eis kann selbst der beste Schlittschuhläufer nicht laufen?
7. Es hat weder Türen noch Fenster, aber es kann doch geöffnet und geschlossen werden, was ist das?
8. Wer braucht für seine Bauten kein Material?
9. Welcher Arm ist kein Körperteil, aber dennoch manchmal unentbehrlich?
10. Welche Kunst kann man spielend lernen?
11. Welche Nationen befassen sich nie mit Politik?
12. Was wird ein Rettungsschwimmer, wenn er aus Versehen selbst ins Wasser fällt?
13. Der Faule tut es, der Taube hört es, der Arme hat es und der Blinde sieht es. Was ist das?
14. Welche Wurst kann man bei keinem Metzger kaufen?
15. Wieviele Rosinen benötigt man für ein Korinthenbrot von einem Pfund?
16. Wenn man an seinem freien Samstag schon um sechs Uhr morgens aufsteht, welches ist dann die günstigste Zeit zum Mittagessen?
17. Kann man „lebende Mausefalle“ mit fünf Buchstaben schreiben?
18. Es brennt, aber man kann kein Feuer damit machen, und es gibt kein Licht. Was ist das?

(Auflösungen hinten im Buch)

# *Die Schwarzbartzwerge*

(Eine alte Sage aus der Nordheide)

Auf dem Wege nach Elspeet liegt, kurz vor Vierhouten, ein für holländische Verhältnisse hoher Berg, der Boneberg. Auf der Spitze des Berges steht ein nicht allzu großes, aber recht ansehnliches Landhaus. Von allen Seiten hat man aus den vielen Fenstern dieses Landhauses eine herrliche Aussicht über die Wälder und die hügelige Heidelandschaft. Aber was einem von unten noch mehr auffällt als das hübsche Häuschen selbst, das ist der einzigartig schöne Garten, der zu diesem Hause gehört. Man fragt sich mit Recht, wie ausgerechnet auf diesen Berg eine Blumenpracht kommt, die einen an die farbenprächtige tropische Pflanzenwelt erinnert. Und das, obwohl jeder weiß, daß der Boden in diesem Teil der Heide alles andere als fruchtbar ist. Um diese seltsame Erscheinung verstehen zu können, muß man einige merkwürdige, sehr wichtige Dinge wissen. Im Boneberg befindet sich ein unterirdischer Weiher, und am Rande dieses Weihers haust ein kleines Zwergenvölkchen. Es sind kleine Zwerglein mit kohlschwarzen Bärten, die deshalb auch den Namen „die Schwarzbartzwerge“ erhalten haben. Leute, die den Boneberg besucht haben, selbstverständlich auch die Bewohner des Landhäuschens, haben mehrmals bemerkt, daß aus der Erde warme Dämpfe emporstiegen. Es gibt sogar Leute in der Umgebung, die behaupten, daß sie in besonders dunklen Nächten, so etwa zwischen zwölf und ein Uhr nachts, eine Flamme aus dem Berg hätten emporzüngeln sehen. Wie dem auch sei, der Beweis für die Richtigkeit dieser Behauptung konnte niemals erbracht werden, wenigstens nicht in den letzten hundert Jahren.

Was dagegen die warmen Dämpfe betrifft, so stimmt das schon. Das ist keine Erfindung. Seit altersher weiß man auf der Heide, daß die Schwarzbartzwerge am Ufer des unterirdischen Weihers ein seltsames Kohlenfeuer unterhalten. Wer einmal das Glück hat, daß er eine dieser glühenden Kohlen findet, wird feststellen, daß ein Goldklümpchen zurückbleibt, wenn die Kohle abgekühlt ist. Um jedoch noch einmal auf die Besonderheit des Pflanzenwuchses in dem schönen Garten zurückzukommen, so wird sich niemand mehr darüber wundern, der die soeben berichteten Dinge weiß. Ein unterirdischer Weiher und die Wärme des von den Zwergen unterhaltenen Kohlenfeuers geben den Pflanzen rings um das Landhaus alles, was sie zum Gedeihen brauchen.

Vor langer, langer Zeit war der Berg dort oben unbewohnt. Dafür stand jedoch am Fuße des großen Hügels eine armselige Hütte, die von einem alten Mann bewohnt wurde. Mit dem alten Mann wohnten dort noch sein Sohn und ein junges Mädchen, das etwa ebenso alt war wie der Junge. Jahre zuvor hatte der Mann das Mädchen in den Wäldern gefunden. Das Kind saß weinend unter den Sträuchern und erzählte, daß es sich verirrt habe. Es hatte tagelang von nichts anderem als von ein paar Waldbeeren gelebt. Der alte Mann hatte das Mädchen in seine Hütte mitgenommen, und obwohl er selbst nicht viel zu essen hatte, teilte er seine kargen Mahlzeiten mit dem fremden Kinde. Nachdem das Mädchen wieder ein wenig zu Kräften gekommen war und der alte Mann meinte, daß es an der Zeit sei herauszufinden, wohin es eigentlich gehöre, tauchten neue Schwierigkeiten auf. Das Kind erzählte unter Tränen, es habe weder Eltern noch sonst Verwandte, und es wisse nicht einmal, wie das Dorf heiße, woher es komme. Es bat den alten Kohlenbrenner flehentlich, ob es nicht bei ihm und seinem Sohn bleiben könne. Es wolle auch alles tun, was von ihm verlangt werde.

Anfangs hatte der Mann natürlich nicht viel Hilfe an dem Kinde, weil es noch zu jung war. Als es aber heranwuchs, stellte sich bald heraus, daß es von besonderer Geschicklichkeit war. Es lernte kochen und führte den Haushalt so verständig, daß es keiner besser vermocht hätte. An schönen Sommerabenden saßen sie zu dritt vor der Hütte und genossen die frische Waldluft. Ein paarmal, als sie bis nach Mitternacht draußen geblieben waren, weil man drinnen vor Wärme nicht schlafen konnte, hatten sie auch die Schwarzbartzwerge aus dem Boneberg kommen sehen. Dann zündeten die Zwerge draußen ihr Feuer an, weil es ihnen am Rande des unterirdischen Weihers vermutlich auch zu warm war. Wenn das Feuer dann ordentlich brannte, setzten sich die Erdmännchen darum herum. Dann sangen sie mit ihren hohen Piepsstimmen seltsame Lieder. Ja, das hatten der alte Mann, der Junge und das Mädchen mit eigenen Augen und Ohren gesehen und gehört. Aber sie sprachen nie mit anderen darüber. Sie waren sicher, daß man ihnen doch nicht glauben würde.

Eines Sommerabends saßen sie wieder zusammen vor der Hütte und unterhielten sich. Es war kein sehr erfreuliches Gespräch, das sie führten, denn der alte Mann machte sich Sorgen über den kommenden Winter. Sie hatten den ganzen Sommer ohnehin viel Pech gehabt. Das Kohlebrennen wurde immer schlechter bezahlt, und obwohl der Junge tüchtig mitarbeitete, bekamen sie kaum genug Geld zusammen, um sich jeden Tag etwas zum Essen kaufen zu können. Der Vater und der Sohn waren zu jeder Arbeit bereit, aber es war in der Gegend keine andere Arbeit zu bekommen. Und im Winter konnte man als Kohlenbrenner nicht einmal ein Stück trockenes Brot verdienen. So mußte man also sehen, daß während des Sommers so viel hereinkam, daß man damit noch über den Winter kam. In diesem Sommer hatten sie jedoch keinen Pfennig auf die Kante legen können. Es war also kein Wunder, daß sich der alte Mann große Sorgen über die kommende Zeit machte.

Da fragte der Junge, ob ihnen denn nicht sein Onkel, der Bruder seines Vaters, dieses eine Mal helfen könnte. Der Onkel war ein reicher, aber sehr habgieriger Mann. Sie hatten keinen Kontakt mit ihm, weil er mit so armen Tröpfen, wie es sein Bruder war, nichts zu tun haben wollte. Zuerst wollte der alte Mann nichts davon wissen. Er sagte, daß er sicher sei, daß ihnen sein Bruder keinen Pfennig geben würde. Im Gegenteil, er glaubte, daß der Geizhals den Hund auf sie hetzen und ihnen die Türe vor der Nase zuschlagen würde. Als sein Sohn weiter auf ihn eindrang, meinte er noch, es sei eine gefährliche Reise zu dem Dorf, wo der Onkel wohnte. Der ganze Weg mußte natürlich

zu Fuß zurückgelegt werden und führte durch dichte Wälder und undurchdringliches Heidegestrüpp. Man konnte sich verlaufen oder von Kreuzottern gebissen, vielleicht auch von anderen gefährlichen Tieren angegriffen werden. Es konnte auch passieren, daß man von der Kugel eines Wilderers getroffen wurde.

Aber alle diese warnenden, wohlgemeinten Worte konnten den Jungen nicht abschrecken. Er war der Meinung, daß es einfach keinen anderen Weg gab, als den Versuch zu wagen, das Herz des reichen, geizigen Mannes milde zu stimmen. Widerstrebend gab sein Vater dann auch schließlich nach. Auch er sah ein, daß man etwas wagen mußte, um im kommenden Winter dem drohenden Hungertod zu entgehen. Das Mädchen hatte sich nicht in dieses Gespräch zwischen Vater und Sohn eingemischt. Aber sein Herz klopfte aufgeregt, weil es den Jungen sehr gern hatte. Linda, wie wir das Mädchen jetzt nennen wollen, hatte sich allerdings gehütet, das jemals zu zeigen. Sie hatte viel zuviel Angst, der alte Mann könnte sie fortschicken, wenn er es merkte. Was Linda nicht wußte, war, daß der Junge sie ebenfalls sehr in sein Herz geschlossen hatte. Er wagte aber seine Liebe nicht zu zeigen, weil er wußte, daß bei seiner Armut doch von Heirat keine Rede sein könne. Was hätte er ihr denn bieten können?

So standen also die Dinge, als der Tag anbrach, an welchem der junge Mann fortgehen und den Versuch machen sollte, seinen Onkel milde zu stimmen. Am Abend zuvor hatten Vater und Sohn den Plan noch einmal in Gegenwart von Linda in allen Einzelheiten durchgesprochen. Der junge Mann sollte ganz früh am Morgen aufbrechen. Er kannte die Wälder und umliegenden Landstriche recht gut, so daß er mit Hilfe seines Vaters die ungefährlichste Marschroute ausgearbeitet hatte.

In der Nacht schrak Linda plötzlich auf. Sie hatte zuerst ein paar Stunden nicht einschlafen können aus Angst um den Jungen, den sie so gern hatte. Endlich war sie dann doch vor Übermüdung in Schlaf gesunken. Als sie nun hochschreckte, und das helle Mondlicht ins Zimmer fiel, glaubte sie, der Tag sei schon angebrochen und erhob sich schleunigst. Sie wollte Kaffee und Brot für den Jungen machen, nicht nur als Frühstück, er mußte ja auch noch etwas mit auf die Reise nehmen. Sie begann den Wasserkessel zu füllen, der an einer eisernen Kette über der offenen Feuerstelle hing. Darauf wollte sie das Feuer anmachen. Aber so rasch ihr das sonst von der Hand ging, diesmal wollte es ihr nicht gelingen.

Ihre Hände begannen zu zittern, denn sie fürchtete, daß der Jüngling jeden Augenblick hereinkommen und sie fragen würde, ob denn das Frühstück immer noch nicht fertig sei. Sie habe doch gewußt, daß er so früh aufbrechen müsse. Als Linda mit hochrotem Kopf, Schweißperlen auf der Stirn, etwas ratlos zum Fenster hinausblickte, sah sie draußen die Schwarzbartzwerge bei einem Kohlenfeuer auf einer Lichtung des Boneberg sitzen. Ob sie dieselben nicht um ein paar glühende Kohlen bitten könnte, schoß es ihr durch den Kopf. Sie dachte nicht lange darüber nach, sondern rannte mit der Kohlenschaufel nach draußen. Ein paar Minuten später hatte sie die Stelle erreicht, wo die Männlein saßen. Zu ihrem eigenen Erstaunen bemerkte sie, daß sie gar keine Angst hatte. Sie fragte den ältesten Zwerg, ob sie eine Schaufel voll glühender Kohle mitnehmen dürfe.

„Ja, gut."

Die Antwort war kurz und bündig und nicht gerade freundlich, aber auch nicht direkt unfreundlich. Linda raffte rasch ein paar Kohlen auf die Schippe, bedankte sich und lief, so rasch sie konnte, zur Hütte zurück. Dort angekommen, warf sie die Kohlen in die Feuerstelle. Aber kaum hatte sie das getan, da erlosch die Kohlenglut. Und als sie ihre Hand vorsichtig danach ausstreckte, merkte sie zu ihrer Verwunderung, daß sie vollkommen erkaltet war. Sehr merkwürdig! Es blieb also nichts anderes übrig, als noch einmal zu den Zwergen zu laufen, und sie erneut um ein paar Kohlen zu bitten. Wieder gab der älteste Zwerg sein Einverständnis zu erkennen. Noch schneller als das erste Mal, lief sie zur Hütte zurück. Aber dort angekommen, wurde sie wieder enttäuscht. Genau wie beim erstenmal verloschen die glühenden Kohlen sofort, als sie in die offene Feuerstelle fielen. Aber das tapfere Mädchen gab immer noch nicht auf. Zum dritten Mal lief Linda zu der Stelle, wo das Feuer der Zwerge noch weit höher als vorher emporloderte. Wieder bekam sie Erlaubnis, eine Schaufel glühender Kohlen mitzunehmen. Der alte Zwerg fügte aber hin-

zu, daß dies das letzte Mal sei. Sie nahm daher so viele Kohlen mit, daß sie sehr vorsichtig gehen mußte, um unterwegs nicht die Hälfte zu verlieren. Aber selbst diese Menge glühender Kohlen nützte ihr nichts. Sie verloschen, sobald sie in der Feuerstelle lagen.

Als Linda ein bißchen verzweifelt hinaussah, gewahrte sie zu ihrer Verwunderung, daß sowohl das Kohlenfeuer als auch die Zwerge spurlos verschwunden waren. Im gleichen Augenblick schlug die Uhr einmal. Als sie verblüfft zur Uhr schaute, sah sie, daß es tatsächlich erst ein Uhr war. Da begriff sie plötzlich, daß sie das helle Mondlicht für Tageslicht gehalten hatte. Die Geisterstunde in der Heide dauert genau von zwölf bis ein Uhr nachts. Vor allem, wenn der Vollmond scheint, können dann die seltsamsten Dinge passieren. Sie wußte nun, daß es also noch ganz und gar nicht spät war. Sie hatte keineswegs verschlafen, sondern war viel zu früh aufgestanden. Es würde noch ein paar Stunden dauern, bis der Tag anbrach. Sie hatte sich nur durch einen Spuk an der Nase herumführen lassen. Der Spuk hatte dafür gesorgt, daß sie das Feuer nicht anbekommen konnte. Er hatte es auch fertiggebracht, daß sie nicht einmal mit den glühenden Kohlen der Zwerge etwas anfangen konnte. Sie mußte jetzt lachen, daß sie so hereingefallen war und beschloß, sich noch für ein paar Stunden ins Bett zu legen.

Als der Tag anbrach, stand sie erneut auf. Ein paar Minuten später hockte sie wieder auf den Knien vor der Feuerstelle, um das Feuer anzumachen. Sie war jetzt sicher, daß sie das alles nur geträumt hatte. Aber als sie ihre Hand in die Feuerstelle steckte und dort etwas Rundes fühlte, kamen ihr doch wieder Zweifel. Lagen denn tatsächlich kalte Kohlen zwischen der Asche? Das mußten dann ja die Kohlen der Zwerge sein. Während sie noch verwundert vor sich hinstarrte, kam der Junge herein, um zu sehen, ob sie ihm schon etwas zu essen und zu trinken bereitet habe. Als er Linda sah, fragte er:

„Was machst du denn für ein Gesicht? Ist etwas passiert?"

Ganz verwirrt erzählte sie ihm, was ihr in der Nacht zwischen zwölf und ein Uhr passiert war. Er sah sie ungläubig an, aber als sie schwieg, bückte er sich doch, um sich davon zu überzeugen, daß zwischen der Asche wirklich kalte Kohlen lagen. Sie selbst verbrannten nämlich immer nur Holz. Rasch fühlte er in der Asche harte, runde Kügelchen, die er verwundert herausholte.

„Was ist denn das?" fragte er verwundert. „Das sind ja lauter Steine so groß wie kleine Eier."

Er ging damit zum Fenster, um sie besser betrachten zu können. Die Sonne kam gerade hinter dem Boneberg hervor.

„Ich war heute nacht total verwirrt", bekannte Linda mit feuerrotem Gesicht.

„Verwirrt? Wieso das denn?"

„Wegen dir, weil du so eine gefährliche Reise vor dir hast."

„Bin ich dir denn so wichtig, daß du dich deswegen so beunruhigst?"

„Ja, ich habe große Angst, daß dir unterwegs etwas passiert. Ich hab' dich nämlich gern."

Die Worte waren heraus. Sie hatte ihr großes Geheimnis preisgegeben. Es war, als ob sie eine geheimnisvolle Macht gezwungen hätte, es ihm im letzten Augenblick doch noch einzugestehen. Vielleicht würde sie ihn nie mehr wiedersehen, ging es ihr durch den Sinn. Dabei traten ihr die Tränen in die Augen. Der junge Mann nahm sie in die Arme und sagte gerührt:

„Dann werde ich dir auch ein großes Geheimnis anvertrauen. Ich habe dich auch sehr gern. Schon seit Jahren gefällst du mir sehr gut, aber ich habe nie gewagt, darüber zu sprechen, weil ich viel zu arm bin, um dich je heiraten zu können."

„Aber was würde sich denn ändern, wenn wir heirateten?" brachte das Mädchen schließlich mit leiser Stimme hervor. „Wenn wir bei deinem Vater bleiben dürfen, geht doch alles weiter, wie es bisher auch gegangen ist."

„Du findest es also nicht schlimm, daß ich so arm bin?"

„Ganz und gar nicht. Hauptsache, du behältst mich lieb."

„Das verspreche ich dir."

„Dann ist alles gut."

Gleich darauf setzte er noch hinzu:

„Sobald ich von meiner weiten Reise zurück sein werde, wollen wir Vater alles erzählen. Dann heiraten wir sobald wie möglich, ganz gleich, ob mein Onkel uns hilft oder nicht."

„Es ist ja doch schlimm, daß du jetzt eine so gefährliche Reise antreten willst", seufzte das Mädchen. Wieder glitzerten dabei Tränen in Lindas Augen.

In diesem Augenblick fiel ein erster Sonnenstrahl auf die erkalteten Kohlen, die der junge Mann auf die Fensterbank gelegt hatte. Ein heller Schein blitzte in dem ärmlichen Zimmer auf.

„Was ist das?" rief Linda verblüfft aus. „Die Kohlen schimmern ja wie pures Gold!"

Als sie genauer hinsahen, merkten sie, daß das Ganze kein Traum war. Die glühenden Kohlen, die das Mädchen von den Schwarzbartzwergen geholt hatte, waren zu Gold geworden.

„Nun sind wir nicht mehr arm, jetzt brauchst du nicht auf die gefährliche Reise zu gehen!" jauchzte das Mädchen.

Er versuchte noch einzuwenden, daß sie ja eigentlich das Gold geschenkt bekommen habe, aber das ließ sie nicht gelten. „Wir wollen es redlich unter uns dreien teilen, abgemacht?“ fragte sie kurz. „Damit steht wohl fest, daß sich keiner von uns mehr Sorgen über die Zukunft zu machen braucht.“

In diesem Augenblick kam der alte Vater herein. Er war verwundert, daß die beiden sich so angeregt unterhielten und wollte auch wissen, ob etwas Besonderes vorgefallen sei.

„Wir sind reich, Vater“, bekam er zur Antwort. „Wir haben nicht nur ein paar Goldklumpen, sondern wir haben auch noch uns.“

Verblüfft sah der alte Mann die strahlenden Gesichter der beiden jungen Leute. Natürlich begriff er nicht sofort, wie das alles zusammenhing. Aber sein Sohn erklärte ihm alles. Der Vater konnte die seltsame Geschichte zuerst nicht recht glauben. Als er sich dann aber überzeugt hatte, daß das glänzende Zeug auf der

Fensterbank tatsächlich Gold war, mußte er zugeben, daß doch etwas daran war.

Er freute sich von Herzen, daß sich die beiden jungen Menschen gefunden hatten. Er hatte oft im stillen gehofft, daß es so kommen möchte. ‚Niemals kann mein Sohn eine bessere Frau bekommen als dieses Mädchen', hatte er früher oft gedacht. Es war also selbstverständlich, daß er nur zu gern seine Zustimmung zur Hochzeit gab, die schon ein paar Tage später stattfand. Sie bauten sich ein neues, schönes Häuschen, und weil sie alle drei auch weiterhin sparsam und vernünftig wirtschafteten, brauchten sie dank des Geschenkes der Schwarzbartzwerge nie mehr Not zu leiden.

Ja, so sind die Schwarzbartzwerge vom Boneberg. Sie helfen guten Menschen, die ohne Schuld in Not geraten sind. Wer also in arger Geldverlegenheit ist und glaubt, daß er nichts dafür kann, sollte dort am Boneberg einmal sein Glück versuchen. Aber natürlich nur in einer Vollmondnacht zwischen zwölf und eins. Geholfen wird jedoch nur dem, so lautet die Sage, der in der edlen Absicht kommt, anderen Menschen, die in Not geraten sind, zu helfen.

## *Wir basteln einen Storch aus Holz*

Es ist kein allzugroßes Kunststück, diesen Storch selbst zu machen. An Material brauchst du dazu nur: ein Holzklötzchen (auf dem das Tier nachher steht), einen Kiefernzapfen und ein paar zähe Ästchen.

Bohre zuerst drei nicht allzutiefe Löcher in den Kiefernzapfen, eines für den Hals und zwei für die Beine (Abb. 1). Außerdem mußt du noch zwei Löcher in das Holzklötzchen bohren. Dann mußt du ein Weilchen suchen, um ein paar Ästchen zu finden, die sich in der Form für Hals und Füße eignen und auch elastisch genug sind. Aber das wird schon gelingen. Den Schnabel machst du aus einem Stückchen Holz, dem du mit dem Taschenmesser die richtige Form gibst. Den Hals (an einer Seite) und die Beine (an zwei Seiten) müssen wir ein wenig nachfeilen oder schleifen, bis sie gut in die Löcher passen. Sie sollten ordentlich fest sitzen, aber es ist zu empfehlen, außerdem ein bißchen Leim an die Enden zu streichen. Nun bemalen wir Hals und Beine rot, geben dem Vogel ein weißes Auge und lackieren den Kiefernzapfen und das Holzklötzchen. Es ist ein etwas hölzerner Klapperstorch, der aber doch als Zimmerschmuck Freude machen kann.

## *Die Orgel, die in der Christnacht nicht spielte*

Jeder von uns kennt die liebliche, gemütliche Melodie „Stille Nacht, heilige Nacht", das weltberühmte Weihnachtslied. Aber wer weiß denn schon, daß dieses Lied vor mehr als 150 Jahren „ganz zufällig und aus reiner Notwendigkeit" von Franz Gruber und Josef Mohr geschrieben und vertont wurde? Es ist eine wahre Begebenheit, die sich heute wie eine fesselnde Geschichte liest.

Es geschah in Oberndorf, einem kleinen Gebirgsdorf im österreichischen Bundesland Salzburg. Dort wohnten Franz Gruber und Josef Mohr, zwei nette, aber ganz durchschnittliche Menschen, von denen man niemals etwas gehört hätte, wenn nicht damals im kleinen Oberndorf, hoch in den verschneiten Bergen, etwas Besonderes passiert wäre.

Franz Xavier Gruber wohnte schon lange in diesem Dorf, wo er als Lehrer tätig war. Er war außerdem sehr musikalisch, so daß es nicht erstaunlich ist, daß er auch die Orgel in der dortigen Kirche spielte. Auf diese Weise hatte er sich mit dem Kaplan Josef Mohr angefreundet. Keiner der beiden Männer war jedoch als Wunderkind zur Welt gekommen, wie ein gewisser Wolfgang Amadeus Mozart aus der Stadt Salzburg. Vielleicht habt ihr einmal davon gehört, daß dieser Mozart schon mit drei Jahren am Klavier saß, obwohl er die von ihm selbst erfundenen Akkorde mit seinen kleinen Fingern noch gar nicht greifen konnte. Als das Wunderkind Wolfgang sechs Jahre alt geworden war, wurde er im Jahre 1762 von Kaiser Franz I. nach Wien eingeladen, um vor ihm zu spielen. Ein Jahr danach trat er bereits öffentlich auf, und in seinem zwölften Lebensjahr dirigierte er eine von ihm selbst komponierte Messe.

Als Mozart im Alter von nur 35 Jahren starb, hinterließ er der Nachwelt außer verschiedenen Opern noch 40 Sinfonien, Unterhaltungsmusik, Serenaden, Tänze, 6 Violinkonzerte, 25 Klavierkonzerte, 29 Quintette (Musikstücke für fünf Instrumente), 26 Quartette (Musikstücke für vier Instrumente), zahlreiche Sonaten für Klavier und Geige und verschiedene, selbst komponierte Messen. Es ist daher kein Wunder, daß man auch heute, mehr als 200 Jahre nach seinem Tod, bei den Salzburger Festspielen stets des Wolfgang Amadeus Mozart gedenkt.

Aber jetzt sind wir vom Thema abgeschweift. Wir wollen nunmehr in das schöne Alpendorf von Franz Gruber und Josef Mohr zurückkehren. Es wird uns jetzt klar sein, was damit gemeint ist, daß diese beiden, im Gegensatz zu Mozart, nicht als Wunderkinder zur Welt gekommen waren. Und während der Name Mozart bis heute in aller Welt ein Begriff geblieben ist, sind die Namen

Gruber und Mohr längst in Vergessenheit geraten, obwohl ihre einzige Komposition „Stille Nacht, heilige Nacht" mindestens so berühmt geworden ist wie die Kompositionen des einstigen Wunderkindes Mozart.

Zwei Tage vor Weihnachten 1818 entdeckte Josef Mohr zu seinem großen Schrecken, daß die Kirchenorgel nicht mehr funktionierte und nicht mehr gespielt werden konnte. Das war für den Dorfkaplan natürlich ein großes Mißgeschick. Die Zeit bis zum Fest war viel zu knapp, um die Orgel noch von einem Fachmann in Ordnung bringen lassen zu können. Außerdem fehlte es dazu am nötigen Geld. Da war also nichts zu machen. Aber der Kaplan wußte auch, daß ein Weihnachtsfest ohne passende Weihnachtsmusik für die einfachen Dorfbewohner einfach unvorstellbar war und sie in Panik versetzt hätte.

Mohr begab sich zu seinem Freund, dem Lehrer Gruber, um zu beratschlagen, was man hier tun könne. Das große Problem wurde von allen Seiten untersucht und erörtert, aber es fand sich keine brauchbare Lösung. Der Knabenchor kannte keine Weihnachtslieder, die man ohne musikalische Begleitung singen konnte. Schließlich schlug Gruber vor, den Chor auf seiner Gitarre zu begleiten. Das war zwar keine ganz befriedigende Lösung, aber man mußte ja schließlich aus der Not eine Tugend machen. Sie hatten einfach keine andere Wahl, und dieses eine Mal müßten sich die Dorfbewohner mit einer Notlösung zufriedengeben, fanden die beiden Freunde.

Als Josef Mohr wieder allein im Pfarrhaus war, ließ er sich mit einem Seufzer in den großen Lehnstuhl am Fenster fallen. Obwohl er todmüde vom vielen Diskutieren und der ausgestandenen Aufregung war, war er überzeugt, daß es keinen Sinn hätte, zu Bett zu gehen. Er würde doch keinen Schlaf finden, glaubte er. Das Problem der Christnacht ohne Orgel ließ ihn immer noch nicht los, trotz der gefundenen Notlösung. Ehe Mohr sich in seinen Lehnstuhl sinken ließ, hatte er die Vorhänge aufgezogen. Er sah, wie an den Fenstern der Häuser des verschneiten Dorfes nach und nach die Lichter verloschen. Traurig starrte er auf die vom Mondlicht beschienenen, verschneiten Hausdächer, die total zugedeckten Wege und die bizarren Formen der hohen Bergrükken.

Plötzlich griff er, ganz unter dem Eindruck der Schönheit der nächtlichen Landschaft, zu Feder und Papier und begann, als ob seine Hand von einer unsichtbaren Kraft geführt würde, ein paar Verse zu schreiben. Die erste Zeile, die er zu Papier brachte, lautete: „Stille Nacht, heilige Nacht.“ Zu seiner Verwunderung flossen ihm die Worte eines zum Weihnachtsfest passenden Gedichtes von selbst in die Feder. Eine Zeile folgte der anderen, und als er die eine Strophe fertig hatte, begann er automatisch mit der zweiten. In einer wahren Rekordzeit hatte er ein komplettes Weihnachtsgedicht niedergeschrieben.

Mohr konnte kaum erwarten, daß die Nacht vorüberging. Als das erste Morgenrot die Berge erleuchtete, machte er sich auf den Weg zu dem kleinen Häuschen, wo sein Freund Gruber wohnte. Ohne ihm auch nur eine einzige Erklärung zu geben, drückte er ihm das Blatt mit dem Gedicht in die Hand. Der Lehrer begann mit erstaunter Miene die Verse zu lesen, und als er damit fertig war, sagte er anerkennend:

„Das Versmaß ist gut, und der Text sagt mir auch etwas. Ich

glaube sogar, daß ich die dazu passende Musik schon im Ohr habe."

Noch am gleichen Tage komponierte Gruber die Melodie zu „Stille Nacht, heilige Nacht". Darauf trommelte er sofort den Knabenchor zusammen, um mit ihm das neue Weihnachtslied einzuüben. Sowohl die Melodie als auch die Worte schlugen bei den jungen Sängern sofort ein. Und als das Lied später, während der Christnacht, in der überfüllten Kirche von Oberndorf gesungen wurde, klang es so ergreifend, daß sich manch einer die Tränen wegwischen mußte. Das neue Lied eignete sich wirklich außergewöhnlich gut dazu, ohne Orgelbegleitung gesungen zu werden.

Was allerdings in dieser Christnacht noch keiner ahnte, war, daß hier ein Lied geboren worden war, das einen Siegeszug über die ganze Welt antreten sollte. Auch Gruber und Mohr hätten es selbst nicht geglaubt, wenn man es ihnen damals vorausgesagt hätte. Wenn sie auch beide sehr froh darüber waren, eine Notlösung für die kaputte Orgel gefunden zu haben, so großartig fanden sie ihr eigenes Werk nun auch wieder nicht. Als das Weihnachtsfest vorüber war, steckte der Lehrer seine Komposition und den Text seines Freundes Mohr hinter die Orgel, wo beides rasch in Vergessenheit geriet.

Durch Mangel an Geld dauerte es fast ein Jahr, bis die Orgel von einem gewissen Herrn Mauracher, einem Orgelbauer aus dem österreichischen Zillertal, endlich kurz vor dem folgenden Weihnachtsfest repariert wurde. Als er hörte, daß die Gemeinde Oberndorf so knapp bei Kasse war, daß es ihr nur unter großen Opfern möglich sein würde, die Reparatur zu bezahlen, wollte er überhaupt kein Geld für seine Arbeit haben. Mit ein paar Tassen Kaffee und einem Berg von Butterbroten, was ihm beides vorgesetzt worden war, sollte die Sache erledigt sein, meinte er.

Bevor Orgelbauer Mauracher sich wieder auf den Heimweg machte, bat er um eine Abschrift von Musik und Text des Weihnachtsliedes „Stille Nacht, heilige Nacht", auf das er während der Orgelreparatur gestoßen war. Der Wunsch wurde ihm natürlich erfüllt. Daheim angelangt, spielte Mauracher das Lied auf seiner eigenen Orgel. Er fand sowohl die Melodie als auch die

Worte so schön und ergreifend, daß er das Lied in seiner eigenen Dorfkirche, wo er natürlich Organist war, zu Weihnachten auf der Orgel spielte und vom Chor singen ließ. Es dauerte nicht lange, und das Weihnachtslied von Gruber und Mohr wurde bis in die entferntesten Winkel des Zillertales gesungen und gespielt.

Damals hatten die Zillertaler den Ruf, gute Handschuhmacher zu sein. Einige von ihnen zogen regelmäßig als Marktkrämer nach Deutschland, um ihre Waren zu verkaufen. Als ein Handschuhmacher namens Joseph Strasser im Jahre 1831 wieder einmal auf den Weihnachtsmarkt von Leipzig ging, um dort Geschäfte zu tätigen, nahm er auch seine Frau und seine Kinder mit. Dort angekommen, ließ er seine Familie das Lied „Stille Nacht, heilige Nacht", singen, um die Kunden anzulocken und auch in der Hoffnung, daß die Zuhörer eine kleine Extragabe bereithalten würden. Unter den Zuhörern dieser Darbietung befand sich rein zufällig auch ein gewisser Herr Ascher, der der Leiter der Leipziger Musikschule war. Der Mann war von diesem Lied so ergriffen, daß er Joseph Strasser fragte, ob er das Lied nicht am Weihnachtsabend mit seiner Familie in der Hofkapelle vorsingen wolle. Das ging dem Handschuhmacher natürlich wie Öl ein. In der Hofkapelle singen zu dürfen, war schließlich eine hohe Ehre.

Was würden seine Freunde und Bekannten wohl für Augen machen, wenn sie davon erfuhren. Strasser stimmte also freudig zu und fand sich mit seiner Familie am Weihnachtsabend in der Hofkapelle ein.

Zufällig war auch der König von Sachsen anwesend, als das Lied vorgetragen wurde. Das neue Weihnachtslied gefiel ihm so gut, daß er die Familie Strasser einlud, es auch im königlichen Schloß vorzusingen. Dort überhäufte er sie mit Geld und guten Gaben, unter der Bedingung, daß man ihm eine Abschrift von „Stille Nacht, heilige Nacht“ anfertige.

Darauf wurde das Weihnachtslied dann bald vom besten Chor in Leipzig einstudiert, und als es das erste Mal vorgetragen wurde, war es sofort ein Riesenerfolg. Von Leipzig aus trat dann die Melodie ihren Siegeszug durch ganz Deutschland an. Schon bald darauf schienen auch die Grenzen kein Hindernis mehr zu sein. Denn in auffallend kurzer Zeit wurde das neue Weihnachtslied in der ganzen Welt gesungen.

So wurde durch einen Defekt an der Orgel des Kirchleins von Oberndorf im Salzburger Land ganz zufällig und aus der Not heraus ein Weihnachtslied gedichtet und komponiert, das man heute, mehr als hundertfünfzig Jahre danach, als das schönste Weihnachtslied betrachtet, das jemals geschrieben wurde. Der Text wurde in mehr als achtzig Sprachen übersetzt, und das Lied genießt sowohl bei Christen wie auch bei Menschen anderer Glaubensrichtungen die gleiche Popularität wie die Musik des Wunderkindes Mozart. Der Unterschied ist nur der, daß die Werke Mozarts bis heute unverbrüchlich mit seinem Namen verknüpft sind, während kaum noch jemand weiß, wer uns das wunderschöne Weihnachtslied „Stille Nacht, heilige Nacht“ und den dazu passenden Text hinterlassen hat.

## *Zeichenstunde für die Kleinen*

Bei dieser Zeichenlektion kann jeder mitmachen. Selbst die Jüngsten unter euch werden bestimmt die Vorlagen ohne allzuviel Mühe nachzeichnen können. Die älteren Kinder werden sicher Vergnügen daran haben, selbst eine Serie solcher Vorlagen zu zeichnen. Viel Erfolg!

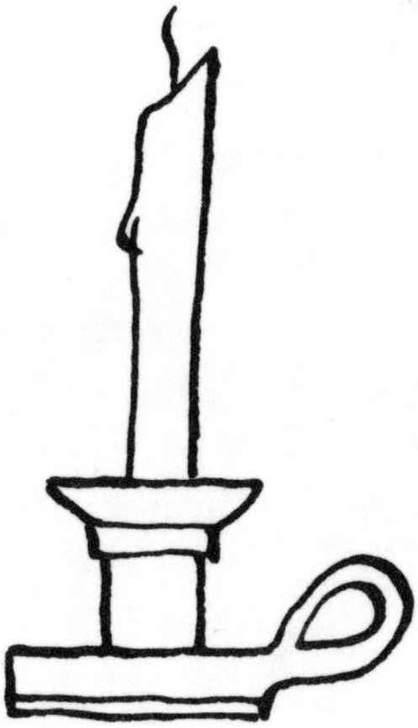
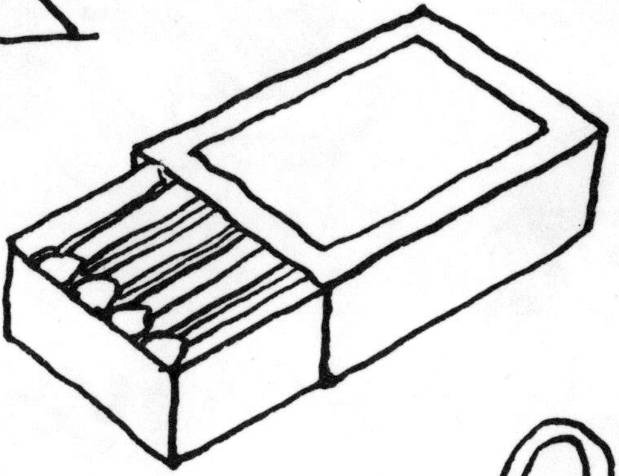

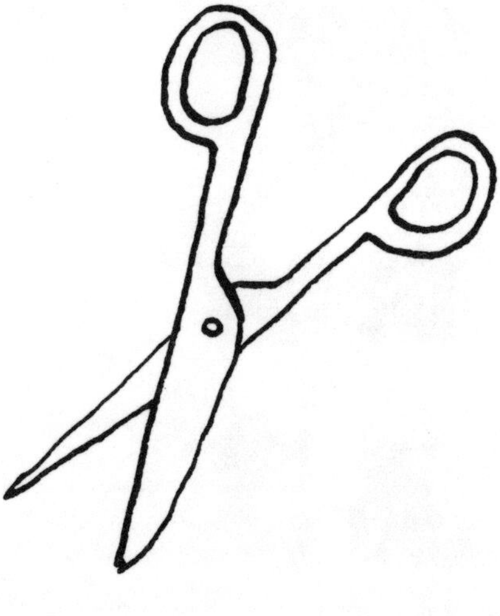

## *Zeichenstunde für ältere Kinder*

Fangt an, die Vorlagen so genau wie möglich nachzuzeichnen. Zeichnet nicht einfach ins Blaue hinein, sondern gebt euch Mühe, sonst wird nicht viel daraus. Beginnt immer wieder von neuem und zeichnet die Vorlagen so lange nach, bis ihr selbst ganz zufrieden damit seid. Dann könnt ihr euch mit etwas Liebe und Phantasie bestimmt bald selbst ein paar Zeichnungen ausdenken. Je mehr ihr übt, desto mehr Freude werdet ihr daran bekommen.

## *Wo ist Cowboy Big Bill daheim?*

Vielleicht kommt euch die Frage, wo Cowboy Big Bill wohnt, etwas merkwürdig vor. Woher soll man das wissen? Natürlich kann er im berühmten „Wilden Westen“ wohnen, aber er kann auch in einem Zirkus zu Hause sein. Um euch ein bißchen zu helfen, wollen wir euch etwas mehr über ihn erzählen. Bill ist in Dienst bei Rancher Hawk Hudson, einem reichen Farmer mit vielen Hunderten Stück Vieh. Hawk hat mindestens zehn Cowboys beschäftigt, lauter Kerle, die doppelt und dreifach ihren Mann stehen. Bei anderen Farmern werden öfter einmal Pferde oder Kühe gestohlen, aber bei Hudson ist das bisher noch nicht vorgekommen. Die Diebe machten gewöhnlich einen Bogen um seine Farm, weil sie Respekt vor seinen Cowboys hatten.

Aber eines nachts wurde die Ruhe auf der Farm doch recht gröblich gestört. Man hörte aufgeregtes Schnauben, Wiehern und das Trampeln vieler Pferdehufe. Im Nu stand Big Bill neben seinem Bett. Als er aus dem Fenster schaute, sah er in der Ferne im Schein des Mondlichtes Dutzende von Pferden davonrennen. Sie wurden von laut schreienden, mit dem Lasso herumfuchtelnden Kerlen gejagt. Bill wußte sofort, was das zu bedeuten hatte. Viehdiebe hatten die Tore eines eingezäunten Stück Landes, auf dem Hudson Pferde hielt, geöffnet. Sie trieben die Tiere hinaus und verschwanden mit ihnen mit unbekanntem Ziel. Aber wie konnte das geschehen? Ben Red, ein tüchtiger Cowboy mit Fäusten wie ein Vorschlaghammer, hatte in der Nacht Wache gehalten. Sollte er denn gar nichts von dem Überfall bemerkt haben? Bill beschloß, der Sache sofort nachzugehen. Er entdeckte, daß Red die ganze Angelegenheit vollkommen entgangen war, weil er in süßem Schlummer lag. Darüber wurden ihm natürlich die Leviten gelesen. Aber, nun ja, jeder Mensch macht schließlich einmal einen Fehler, und so drückte Hudson noch einmal ein Auge zu. Leider gelang es nicht, die Viehdiebe zu stellen und die Pferde zurückzuholen. Aber Big Bill grübelte immer weiter darüber

nach, wieso wohl Ben Red ausgerechnet geschlafen hatte, als der Überfall erfolgt war. Als aber ein paar Wochen später wieder Tiere gestohlen wurden und sich herausstellte, daß auch diesmal Ben Red auf Posten gestanden hatte, ging Big Bill ein Licht auf. Ben mußte mit den Dieben unter einer Decke stecken! Ohne sich auch nur einen Augenblick zu bedenken, sattelte Bill sein treues Pferd Sturmwind, um den ehrlosen Betrüger und seine Hintermänner aufzuspüren. Tatsächlich gelang es ihm, den Verräter zu erwischen. Wie das erzählen wir euch vielleicht später einmal. Hier geht es jetzt nur um die Frage, wo Bill wohnt. Wenn ich euch nun noch verrate, daß es ein Land ist, in dem man die Cowboys „Gauchos" nennt, und daß man die Silhouette dieses Landes auf dem Bilde rechts erkennen kann, werdet ihr schnell herausfinden, wo Bill daheim ist.

(Auflösung hinten im Buch)

## *Die Quälgeister von Vierhouten*

In Vierhouten auf der Heide wohnte einstmals eine gutherzige, arme Witwe, die sieben Kinder hatte. Wenn die Heidelbeeren reif waren, ging die gute Frau jeden Tag mit einem Henkelkorb in die Wälder, um Beeren zu pflücken. Stundenlang ging sie gebückt vom einen Strauch zum anderen, bis ihr der Rücken wehtat oder ganz steif geworden war. Aber sie hörte nie auf, bevor der Korb bis zum Rande gefüllt war. Darauf ging sie damit zum Obst- und Gemüsemann, der ihr die Beeren abkaufte. Er zahlte ihr einen recht guten Preis dafür, denn die Nachfrage nach den köstlichen Früchten war groß. Von diesem Geld kaufte die Frau lauter Dinge, die ihre Kinder dringend benötigten, die sie aber von ihrem kleinen Lohn als Putzfrau unmöglich hätte kaufen können.

An einem schönen Tag im Spätsommer beschloß sie, einmal den ganzen Tag auf Beerensuche zu gehen, nicht nur am Nachmittag, wie sie es sonst immer getan hatte. Sie hoffte, auf diese Weise vielleicht zwei Körbe voll pflücken zu können. Das hätte für sie doppelt soviel Geld bedeutet, und das konnte sie jetzt besonders gut gebrauchen. Ihre Kinder hatten allerlei für den kommenden Winter nötig.

Sie stand sehr früh am Morgen auf, brachte ihren Haushalt in Ordnung und sorgte dafür, daß die Kinder alle ein paar Butterbrote und ein Glas Milch bekamen. Dann nahm sie ihr ältestes Töchterlein, Annemarie, beiseite, um ihr noch ein paar Anweisungen zu geben. Annemarie war zwar auch erst zehn Jahre alt, aber doch schon eine große Stütze für ihre Mutter. Die Mutter konnte beruhigt aus dem Hause gehen, wenn sie wußte, daß Annemarie dort war und die Kleinen betreute. Aber einen ganzen Tag war die gute Frau noch nie fortgeblieben. Deshalb band sie ihrer Ältesten heute auf die Seele, ganz besonders gut aufzupassen, damit kein Unglück geschehen könnte.

„So gegen zwölf Uhr gibst du deinen Geschwistern wieder ein paar Schnitten Brot und ein Glas Milch, Annemarie“, sagte sie.

„Und sorge nur ja dafür, daß das Gartentürchen geschlossen bleibt, sonst laufen die Kleinen fort. Und laß mir keine fremden Leute ein.“

Es folgte noch eine ganze Flut weiterer, wohlgemeinter Ermahnungen und Ratschläge. Und immer nickte Annemarie ernsthaft mit dem Köpfchen. Sie würde schon dafür sorgen, daß alles nach Wunsch ging. Wenn die Mutter so gegen vier Uhr nachmittags zurückkam, sollte sie sich davon überzeugen können. Die Witwe selbst glaubte das auch, und sie machte sich deshalb frohen Mutes auf den Weg. An jedem Arm hing ihr ein Korb. Eine Stunde

später erreichte sie die Stelle, wo die meisten Heidelbeeren der ganzen Umgebung wuchsen. Sie hatte sich gerade gebückt, um mit dem Pflücken zu beginnen, als sie plötzlich von einem ganzen Schwarm von Erdmännchen angegriffen wurde. Sie wußte zwar, daß die kleinen Kerlchen im Walde wohnten, aber sie war noch nie mit ihnen in Berührung gekommen. Sie war über diesen Angriff recht verwundert. Es war zwar bekannt, daß die Erdmännchen nicht gerade zu den freundlichsten Zwergen gehörten und auch alles andere als hilfsbereit waren. Daß sie aber einem Menschen ein ernsthaftes Leid zufügten, hatte die Witwe noch nie

gehört. Wohl erinnerte sie sich jetzt daran, daß ihr früherer Lehrer vor langer Zeit einmal erzählt hatte, die Erdmännchen würden auch Quäl- oder Plagegeister genannt. Sie könnten mitunter Mensch und Tier das Leben sauer machen, wenn sie die Lust überkäme, jemandem einen Schabernack zu spielen. Das bekam die arme Frau jetzt zu spüren. Sie schüttelte die Männchen, die überall an ihr herumkletterten, ab, aber sobald sie ein paar hinunterbefördert hatte, krochen für jedes zwei neue an ihr empor. Wohl eine Viertelstunde lang versuchte die Frau vergeblich, sich der kleinen Plagegeister zu erwehren. Dann ließ sie sich verzweifelt auf den Boden fallen, und Tränen strömten ihr aus den Augen. Jetzt schienen die Erdmännchen endlich zufrieden zu sein. Sie riefen ihr noch ein paar spöttische Worte zu und verschwanden dann lachend zwischen den Sträuchern. Die arme Witwe rief ihnen noch weinend nach, daß sie alles dem Gendarmen berichten werde, aber das störte die Männlein nicht.

Als die Kerlchen verschwunden waren, und sie sich wieder aufrichtete und den Sand aus ihren Kleidern schüttelte, bemerkte sie plötzlich zu ihrem Schrecken, daß beide Körbe fort waren. Es konnte nicht anders sein, die Erdmännchen mußten sie mitgenommen haben. ‚Das hat gerade noch gefehlt', dachte sie verzweifelt. ‚Nicht nur, daß ich keinen Pfennig Geld nach Hause bringe, jetzt muß ich außerdem noch zwei neue Körbe kaufen!' Sie versuchte, sich den Sand aus den Augen zu reiben, der ihr bei der Rauferei hineingeflogen war, aber ganz wollte ihr das nicht gelingen. Sie sah undeutlicher als vorher. Als sie nun trübselig auf die Heidelbeersträucher starrte, kam es ihr so vor, als ob keine einzige Beere mehr daran säße. Ihre Hände zitterten, sie konnte sich den seltsamen Vorfall nicht erklären. Sie setzte sich wieder hin, um zu überlegen, was sie tun sollte. Aber sie konnte nicht viel tun. Hätte sie wenigstens eine Schürze bei sich gehabt, so hätte sie versuchen können, wenigstens diese mit Beeren zu füllen. Es war ihr nämlich klar, daß die köstlichen Früchte unmöglich alle verschwunden sein konnten. Es würde wohl daran liegen, daß sie noch nicht richtig sehen konnte, meinte sie. Andererseits nützte das Warten auch nichts, da sie ja doch nichts bei sich hatte, in das sie die gepflückten Beeren tun konnte. Es blieb also nichts anderes übrig, als wieder nach Hause zu gehen. Als sie diesen Entschluß gefaßt hatte, stand sie wieder auf. Langsam und immer noch in sich hineinschimpfend, machte sie sich auf den Rückweg. Allmählich erholte sie sich von dem ausgestandenen Schrecken, und nach einer Viertelstunde ging es ihr schon viel besser.

Während sie zwischen den Bäumen vorwärtsstapfte, hörte sie plötzlich ein Kind mit kläglicher Stimme leise weinen. Die Laute kamen irgendwo aus den Sträuchern. Sie suchte noch eine ganze Weile, bevor sie die genaue Stelle gefunden hatte, wo das Weinen herkommen mußte. Tief unter Sträuchern versteckt, entdeckte sie das Kind, als sie die dornigen Zweige auseinanderbog. Es war gar kein gewöhnliches Kind, sondern ein Kind der Erdmännchen. Als es die Frau sah, wies es wehklagend auf sein Füßchen, in dem ein großer Dorn steckte. Man hätte es der Witwe wirklich kaum verübeln können, wenn sie einfach weitergegangen wäre. War es doch noch nicht lange her, da hatten die Erdmännchen ihr nicht

nur einen bösen Schabernack gespielt, sondern sie außerdem auch noch bestohlen. Wie leicht konnte es sein, daß auch die Eltern des kleinen Kerlchens hier dabeigewesen waren. Wie leicht wäre es jetzt gewesen, sich für das erlittene Unrecht zu rächen! Aber dieser Gedanke kam der guten Frau nicht. Sie dachte nicht daran, das kleine Wesen einfach seinem Schicksal zu überlassen. Sie hatte ein mitfühlendes, mütterliches Herz, dem Rachegedanken völlig fremd waren. Als sie erkannte, daß das kleine Erdmännchen große Schmerzen litt und sich unmöglich selbst den

Riesendorn aus seinem Füßchen ziehen konnte, hatte sie den Vorfall von vorhin sofort vergessen. Ohne sich auch nur einen Augenblick zu besinnen, holte sie behutsam den Dorn heraus. Darauf riß sie ihr schönes Taschentuch in lauter Streifen und legte damit dem Zwerglein einen Verband um. Dann nahm sie es in ihre Arme und liebkoste es, bis es seinen Kummer vergessen hatte. Darauf setzte sie es auf dem Sandweg nieder, schärfte ihm ein, sich von den Sträuchern fernzuhalten, und setzte ihren Heimweg fort.

Was die Frau nicht wußte, war, daß eine ganze Gruppe von Erdmännchen ihr aus verschiedenen Verstecken zugeschaut hatte, als sie mit dem Kind beschäftigt gewesen war. Auch die Zwerge waren auf das jämmerliche Geheul des Kindes herbeigeeilt. Sie hatten gesehen, daß der Dorn so groß war, daß sie ihn dem Kinde nicht herausziehen konnten. Als sie die Frau dann kommen hör-

ten hatten sie sich in ihre Verstecke zurückgezogen. Sie hielten den Atem an, als sie sahen, wie die Frau das Erdmannkindlein entdeckte. Auch sie begriffen sofort, daß es für die brave Witwe eine Gelegenheit war, sich zu rächen. Als sie dann jedoch sahen, was sich abspielte, waren sie beschämt und steckten die Köpfe zusammen.

Als die Frau eine Stunde später nach Hause kam, lief ihr Annemarie, die älteste Tochter, entgegen.

„Hast du keine Beeren mitgebracht, Mutter?“ fragte sie und

blieb keuchend vom raschen Laufen stehen. Traurig schüttelte die Mutter den Kopf. Sie mußte plötzlich wieder an die Erdmännchen und die beiden gestohlenen Körbe denken.

„Stell dir vor, Kind, eine große Gruppe von Erdmännchen, du weißt ja, die kleinen Plagegeister, die tief versteckt im Walde leben, hat mich angefallen. Ich konnte mich ihrer nur mit Mühe und Not erwehren. Als sie dann fort waren, habe ich gesehen, daß sie meine Körbe mitgenommen hatten. Ich konnte also keine Beeren sammeln. Sie haben sich einfach schändlich benommen, und ich bin noch ganz niedergeschlagen, weil meine schönen Körbe fort sind."

„Aber das haben sie jetzt doppelt und dreifach gutgemacht, Mutter."

„Wie meinst du das, gutgemacht, Annemarie?"

Verblüfft sah die Witwe ihre älteste Tochter an. Wollte sie ihre Mutter zum Narren halten? Für solche Späße war sie im Augenblick, nach dem unangenehmen Erlebnis im Walde, ganz und gar nicht zu haben. Aber Annemarie sah sie strahlend an und rief aufgeregt:

„Es ist noch keine Viertelstunde her, da haben wir hier Dutzende von Erdmännchen zu Besuch gehabt. Sie haben deine Körbchen zurückgebracht, und sie sind voller Beeren. Aber das ist noch nicht alles. Sie haben außer deinen auch noch mindestens zehn andere Körbe voll Beeren mitgebracht. Sie gingen nicht einmal ins Zimmer, und ich habe ihnen erlaubt, sich auf die Wiese im Garten zu setzen. Sie haben zu mir gesagt, ich solle dir bestellen, daß sie etwas gutzumachen hätten und dir für die Hilfe danken wollten, die du einem von ihren Kindern geleistet hättest. Ich verstehe das alles nicht, aber du wirst schon wissen, was sie meinen."

Natürlich, das wußte die Mutter schon. Mit offenem Mund starrte sie längere Zeit auf all die großen Körbe voll Heidelbeeren. Es sah tatsächlich so aus, als ob die Erdmännchen sämtliche Sträucher in der Gegend leergepflückt hätten. Sie erzählte den Kindern, was im Walde passiert war. Darauf ging sie zu ihrem Gemüsemann und erzählte ihm, daß sie so viele Körbe mit Beeren hätte, daß sie sie ihm unmöglich vorbeibringen könne. Da die Nachfrage nach den lieblichen Waldfrüchten gerade in dieser

Zeit sehr groß war, schickte er einen Knecht mit einem großen Handwagen vorbei. Der Mann mußte zweimal fahren, bevor er alle Körbe weggeholt hatte.

Für die beiden Wagenladungen voll Heidelbeeren bekam die arme Witwe soviel Geld, wie sie noch nie in ihrem Leben besessen hatte. Sie konnte jetzt alles kaufen, was ihre Kinder für den kommenden Winter nötig hatten.

Als der Gemüsehändler sie jedoch fragte, wie sie es denn geschafft habe, so viele Beeren zu pflücken und nach Hause zu bringen, lachte sie nur unergründlich und hob die Schultern. Solche Dinge behielt man nun einmal besser für sich. Und hätte sie sie erzählt, so hätte ihr vermutlich doch keiner geglaubt.

## *Der Steckenpferdreiter*

Ei, ei, Herr Reiter,
Sein Roß will ja nicht weiter!
Mich dünkt, es wird schon müde sein.
Drum kehr Er hier ins Wirtshaus ein.
Geb Er dem Rößlein frisches Heu,
Trink selbst Er einen Schluck dabei.
So, so, Herr Reiter!
Nun kann Er wieder weiter!

Ei, ei, Herr Reiter,
Sein Gaul will ja nicht weiter!
Sein Gaul, der will beschlagen sein.
Hier ist die Schmiede, tret Er ein,
Heb Er dem Tier das Füßlein auf,
So nagl ich ihm drei Eisen drauf!
So, so, Herr Reiter!
Nun kann Er wieder weiter!

Halt, halt, Herr Reiter,
Sein Rößlein darf nicht weiter!
Hier ist die Stadt und hier das Tor,
Da zahlt man seinen Zoll zuvor:
Drei Groschen werden nötig sein,
Sonst sperrt man in die Wach Ihn ein!
So, so, Herr Reiter!
Nun kann Er wieder weiter!

Sieh da, Herr Reiter,
Das Pferdchen zum Stalle leit' Er!
Nun ist Er heimgekehrt vom Ritt,
Was bringt Er denn den Kindern mit?
Er Schelm, dran hat Er nicht gedacht?
Das Geld vertan, nichts mitgebracht!
Ei, ei, Herr Reiter!
Ich dacht Ihn mir gescheiter!

Robert Reinick

## *Wer findet es heraus?*

Dreizehn Reihen mit den gleichen Zeichen? Oder vielleicht nur eine andere Reihenfolge der Zeichen? So könnte es auf den ersten Blick allerdings aussehen, aber es ist nicht so. Die Aufgabe lautet: Sucht die Reihen, die die gleichen Zeichen in derselben Reihenfolge zeigen. Wieviele es sind? Ja, das sollt ihr selbst herausfinden. Notiert die Reihen und vergleicht das Ergebnis mit der richtigen Auflösung. Ihr werdet vielleicht sehr verblüfft sein.

(Auflösung hinten im Buch)

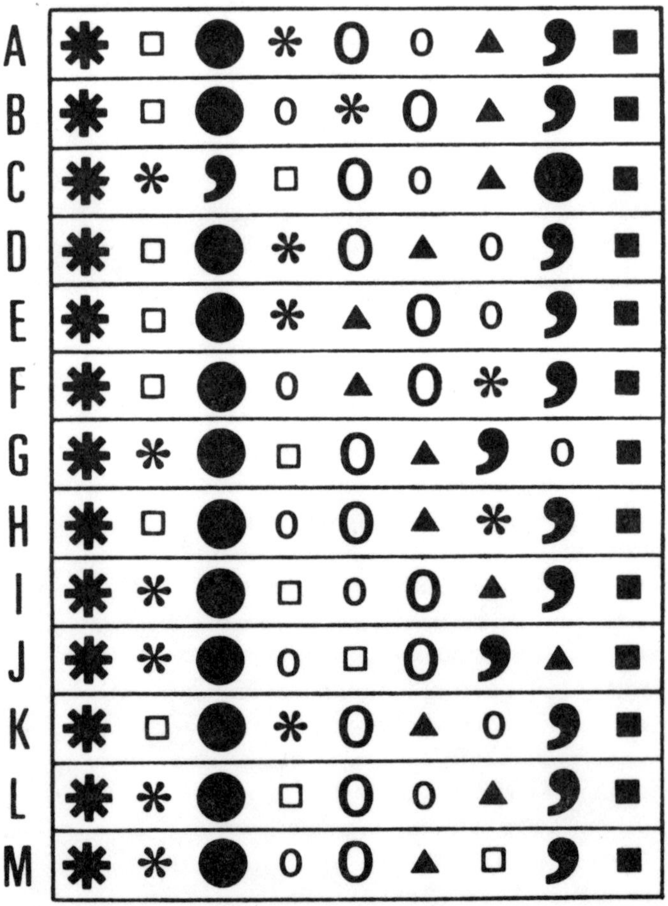

## *Der japanische Spiegel*

Die Geschichte von dem japanischen Spiegel ist schon Jahrtausende alt. Aber sie wird von den japanischen Müttern noch heute ihren Töchtern erzählt. Man darf diese Erzählung in Japan auch nicht als Märchen bezeichnen, denn man ist dort überzeugt, daß sie vor langer, langer Zeit wirklich geschehen ist. In einer Zeit, als die Menschen in Japan – und nicht nur dort – noch sehr viel einfacher lebten, viel weniger wußten und viel weniger verlangten. Als es noch keine Eisenbahnen, Autos und Fahrräder gab. Als jeder nur die Menschen aus seinem eigenen Dorf kannte und es noch keine Zeitungen und Bücher gab und nur einige wenige die seltsamen Zeichen auf Pergament lesen und verstehen konnten.

Zu jener Zeit lebte in einem kleinen japanischen Dörfchen hoch in den Bergen ein Bauer, der Tsung Tsjen hieß. Er hatte eine Frau und eine kleine Tochter, arbeitete den ganzen Tag schwer auf den Reisfeldern und war mit seinem Leben vollkommen zufrieden. Geld und Gut besaß er nicht und würde er wohl auch nie besitzen. Der Boden, den er bearbeitete, gehörte nämlich einem Grundbesitzer, der in der Stadt wohnte. Dieser Mann hatte zur Bedingung gemacht, daß ihm Tsung Tsjen nicht nur pünktlich die Pacht für das Stück Land bezahlte, sondern ihm auch noch die ganze Reisernte verkaufte. Dafür bezahlte ihm der Besitzer einen leidlichen Preis. Von dem Gelde blieb dem Bauern nichts übrig, aber er konnte doch mit Frau und Kind sorgenfrei leben, und das war ihm die Hauptsache. Einmal im Jahr kam der Besitzer bei Tsung Tsjen vorbei, um das Geld für die Pacht selbst abzuholen. Er verbrachte dann den ganzen Tag im Dorf, weil dort noch mehr Pächter wohnten, von denen er Geld bekam. Bei Tsung Tsjen und seiner Frau verweilte der Grundherr jedoch stets länger als bei den anderen. Das lag daran, daß die Frau des Bauern es verstand, aus Reiswasser ein besonders schmackhaftes Getränk zu bereiten, von dem der Herr in Stimmung kam, was der Sache von Tsung Tsjen nur nützen konnte.

So verging die Zeit, und der Bauer lebte mit seiner Familie ruhig und zufrieden am Rande der Reisfelder. Aber eines Tages geschah etwas Unerwartetes. Durch einen Kurier wurde Tsung die Aufforderung überbracht, zur Stadt zu kommen, weil sein Herr, der Landbesitzer, ihn in einer wichtigen Angelegenheit sprechen müsse. Schweigend bereitete die Bäuerin ihrem Manne die nötige Wegzehrung, denn es war eine weite Reise in die Stadt, da man ja damals, wie schon gesagt, alle Wege zu Fuß gehen mußte. Die Frau packte alles, was ihr Mann unterwegs nötig haben würde, in einen festen Sack, der an einen langen Stock gebunden wurde.

Der Bauer nahm Abschied von seiner Frau, legte sich den Stock über die Schulter und trat seine Reise mit angstvollem Herzen

an. Er fürchtete, daß es nichts Gutes sein werde, weswegen ihn der Herr so dringend zu sprechen wünschte.

In der Stadt angekommen, merkte Tsung allerdings bald, daß er sich unnötige Sorgen gemacht hatte. Sein Herr hatte ihn nur herbestellt, um ihm zu sagen, daß er allmählich zu alt würde, um jedes Jahr die Reise zu dem entfernten Dorf zu machen, um sich dort die Pachtgelder abzuholen. Er ersuchte daher Tsjung, ihm nicht nur das schuldige Geld einmal pro Jahr in die Stadt zu bringen, sondern auch bei den anderen Bauern des Dorfes die Pacht für ihn abzuholen. Für diese zusätzliche Arbeit würde Tsjung natürlich gut bezahlt werden, fügte der Herr hinzu. Als er außerdem mehr als jemals zuvor für seinen Reis erhielt, kannte die Freude des braven Bauern fast keine Grenzen mehr. Er bedankte sich herzlich und versprach, alles zur Zufriedenheit erledigen zu wollen. Dann trat er glücklich die Heimreise an. Aber bevor er die Stadt verließ, kaufte er zuerst noch für seine Frau und seine Tochter ein paar schöne Geschenke. Sie sollten an seiner Freude teilhaben, meinte er. Unter den Geschenken war auch ein Spiegel.

Zu der Zeit kannten die einfachen Leute in einem Dorf noch keine Spiegel. Als seine Frau daher den glänzenden Gegenstand auspackte und hineinblickte, begriff sie nicht, daß es ihr eigenes Gesicht war, das sie darin sah.

„Was für ein wundervolles Bild!“ rief sie aufgeregt aus. „Das ist aber eine hübsche Frau, die sie da eingerahmt haben. Sieh doch mal, wie freundlich sie mich anlacht. Es ist, als ob sie lebt.“

„Ja, sie lebt auch“, erwiderte Tsjung lächelnd, denn er wußte, was ein Spiegel war. „Was du in diesem Rahmen siehst, ist dein eigenes Gesicht, Frau. So ein Ding nennen sie in der Stadt einen Spiegel. Gehe nur sehr vorsichtig damit um, denn das Spiegelglas zerbricht leicht.“

Nun, die Frau von Tsjung sah sich schon vor, daß nichts mit dem kostbaren Geschenk passierte. Sie versteckte ihren Schatz in der äußersten Ecke des Kleiderschrankes. Dort, so glaubte sie, würde ihn niemand finden. Sie sprach auch mit keinem darüber, weil sie genau wußte, daß sie die einzige Frau im Dorf war, die ein solches Ding besaß. Sie hatte Angst, daß jeder hineinschauen wollte, wenn die Rede darauf kam. Vielleicht würde sich der

Spiegel dann zu sehr abnutzen, glaubte sie. Es war also auf jeden Fall besser, den Besitz des Zauberdinges geheimzuhalten.

So vergingen die Jahre. Ihr Töchterchen Mikoka wuchs zu einem bildhübschen Mädchen heran, frisch und appetitlich wie Kirschblüten im Frühling. Mehrmals war ihre Mutter drauf und dran gewesen, ihr das große Geheimnis zu verraten. Aber immer wieder war sie davor zurückgeschreckt bei dem Gedanken, das junge Mädchen könne von Eitelkeit gepackt werden, wenn es einmal entdeckt habe, wie hübsch und anziehend es sei. Deshalb blieb der Spiegel auch weiterhin in der dunkelsten Ecke des Kleiderschrankes versteckt.

Aber eines Tages lief der Tod über die Reisfelder des kleinen Dorfes. Mikoka sah ihn schon von weitem kommen. Ohne sich um das verängstigte Gesicht des Mädchens zu kümmern, kam er direkt auf das Haus ihrer Eltern zu und klopfte an. Aber noch bevor Mikoka die Tür öffnen konnte, war er schon wieder verschwunden. Das Mädchen atmete erleichtert auf, aber noch denselben Tag wurde die Mutter krank.

Zwei Wochen darauf war sie bereits so abgemagert, daß ihre Nachbarn sie kaum noch erkannten. Sie hatte nun schon zehn Tage lang das Bett nicht mehr verlassen können und war sehr schwach geworden. Als sie fühlte, daß ihr Ende herannahte, ließ sie ihre Tochter rufen, um ihr das große Geheimnis mitzuteilen.

„Liebe Tochter", sprach sie traurig, „du Blume meines Herzens, ich weiß, daß ich dich und deinen Vater bald allein zurücklassen muß. Zum Abschied will ich dir ein besonders wertvolles Geschenk übergeben. Sieh mal, ich habe hier etwas, das sie in der Stadt einen Spiegel nennen. Im Spiegel lebt mein Gesicht. Aber nicht so, wie ich jetzt bin, sondern so, wie ich war, als ich noch jung und gesund gewesen bin. Es wird für dich weiterleben, sooft du hineinschaust. Versprich mir, daß du jeden Morgen und jeden Abend einen Blick hineinwerfen wirst. Du siehst mich dann so, wie ich einmal war. Frage mich dann nur alles, was du wissen möchtest, und ich werde dir Antwort geben, wenn du auch meine Stimme nicht hören kannst. Wenn du mir zulachst, werde ich zurücklächeln. Wenn du in diesen Spiegel blickst, wirst du wissen, daß ich auch nach meinem Tode über dich wache."

Nachdem die Frau diese Worte gesprochen hatte, fielen ihr vor Müdigkeit die Augen zu. Voller Angst ging das Mädchen den Vater holen, der auf den Reisfeldern arbeitete. Als sie es aber beide nicht fertigbrachten, die Mutter zu wecken, begriffen Vater und Tochter, daß die gute Frau gestorben sein mußte. Jetzt verstand

Mikoka plötzlich auch, warum der Tod vor ein paar Wochen an die Tür geklopft hatte.

Natürlich hatten der Bauer und seine Tochter großen Kummer über den Tod der guten Frau. Tsjung verbarg seinen Gram vor Mikoka, weil er den Verlust für sie nicht noch schwerer machen wollte als er ohnehin schon war. Aber Mikoka fand viel Trost in dem Spiegel, den sie von ihrer Mutter bekommen hatte. Jeden Morgen und jeden Abend schaute sie hinein, wie sie es versprochen hatte. Aus dem Spiegel lachte ihr ein bildhübsches, junges Gesicht entgegen. So mußte Mutter früher ausgesehen haben, als sie noch jung war. Diesem Bildnis vertraute das junge Mädchen all seine Freuden, aber auch alle seine Kümmernisse an. Ohne diese große Stütze hätte sie noch zehnmal mehr unter dem Verlust der geliebten Mutter gelitten. So lebte Mikoka, auch nachdem sie das Liebste auf der Welt verloren hatte, noch recht glücklich weiter in dem kleinen Häuschen bei den Reisfeldern. Niemals wurde es ihr zuviel, das liebe Antlitz, das sie für das Jugendbildnis ihrer Mutter hielt, zu betrachten. Wohl fiel ihr auf, daß das Gesicht doch mit jedem Jahr ein wenig älter wurde. Aber sie glaubte, daß das Absicht sei, damit sie das Gefühl habe, stets mit jemand ihres eigenen Alters zu sprechen. Auch bemerkte sie, daß das Bildnis im Rahmen ihrer Mutter, so wie sie vor ihrer Krankheit gewesen war, immer ähnlicher wurde. Auch Tsjung entging es nicht, daß seine Tochter das Ebenbild ihrer Mutter geworden war. Darüber war der Mann sehr froh, denn er hatte immer große Stücke auf seine Frau gehalten. Stets betrachtete er seine Tochter mit Freude. Und dann war er seiner verstorbenen Frau dankbar, daß sie auch noch nach ihrem Tode eine so große Stütze für Mann und Kind geblieben war.

## *Der finstere Kaperkapitän*

Die Seeräuberei war noch vor etwa 150 Jahren eine wahre Plage für die Handelsschiffahrt. Die Männer an Bord eines solchen Raubschiffes waren zu allem imstande. Oft waren sie nicht einmal mit der Beute zufrieden, sondern machten auch noch die Besatzung des anderen Schiffes einen Kopf kürzer. Sie hielten das vermutlich für besser so, damit später niemand vor Gericht aussagen konnte, was vorgefallen war. Aber warum blickt der Kapitän des Kaperschiffes so finster drein? Die Erklärung für seine schlechte Laune ist, daß er sein kurzes Pfeifchen verloren hat. Wer hilft ihm suchen?

(Auflösung hinten im Buch)

# *Simon Obertrottel,*
# *der dumme Dorus und Balk, der Esel*

„Die drei wären ein wunderbares Trio für einen Zirkus, vielleicht auch für eine Eselskutsche“, meinten die Dorfbewohner, als Simon Obertrottel, der dumme Dorus und Balk, der Esel, vorbeikamen. Wenn sie so vorüberschlichen, wußte man gleich, daß sie nicht von der schnellen Truppe waren. Man sah auch sofort, daß keiner von den dreien das Schießpulver erfunden hatte. Aber es laufen schließlich noch genug Leute umher, von denen man dasselbe sagen kann. Anfangs hatten sich die Dörfler oft kopfschüttelnd gefragt, wie die drei sich bloß gefunden haben mochten. Sie paßten einfach großartig zusammen.

Simon Obertrottel war der älteste der drei. Wenn man ihn jedoch fragte, wie alt er nun eigentlich sei, hob er die Schultern. Dazu machte er ein Gesicht, als ob er sagen wollte: Wie soll ein

Mensch das nun wissen? Darauf begann er eifrig, an seinen Fingern die Jahre abzuzählen. Er tat zwar sein Bestes, aber er kam nie zu einem Resultat. Alt war er zwar, aber das sah man auch so. Er hatte einen kahlen Kopf und ein graues Spitzbärtchen. Von den Schläfen bis zum Nacken zog sich noch ein Kranz struppiger, grauer Haare. Aber abgesehen davon, daß er nicht mehr ganz jung war, hatte er keine nennenswerten Wehwehchen. Er ging immer ein bißchen langsam, so als ob er kurz vor dem Einschlafen wäre. Aber das lag nicht daran, daß er nicht schneller gekonnt hätte. Nein, er hatte eben keine Lust, sich mehr zu beeilen. Der wirkliche Nachname von Simon war natürlich nicht Obertrottel. Weil er aber seinen Familiennamen vergessen hatte und jeder ihn einen Trottel nannte, glaubte er inzwischen selbst, Obertrottel zu heißen. Mit Dorus, seinem viel jüngeren Knecht, war es so ähnlich. Auch er konnte sich nicht erinnern, jemals einen Familiennamen gehabt zu haben. Als das die Dorfbewohner vernahmen, nannten sie ihn den größten Dummkopf der ganzen Gegend. Von diesem Tage an hatte er den Namen ‚dummer Dorus', bekommen. Da Dorus der Name zu gefallen schien, war es dann dabei geblieben. Auch Dorus wußte nicht, wie alt er war, aber man schätzte ihn auf vielleicht zwanzig Jahre, mehr nicht. Eines Tages war Dorus so einfach bei Simon hereinspaziert.

„Guten Tag", hatte er gesagt, „du wohnst hier in einem hübschen Häuschen, und ich glaube, daß du ein netter Mann bist. Ich würde gern bei dir bleiben."

„Guten Tag", hatte Simon geantwortet. „Ich könnte einen Knecht gut gebrauchen, und du scheinst mir ein netter Junge zu sein. Wenn du Lust hast, kannst du bei mir bleiben. Wo für zwei Platz ist, reicht es auch für den Dritten, hat schon mein Vater gesagt."

„Wieso zwei? Hast du denn schon jemanden? Ich denke, du wohnst hier allein?"

„Nein, hier ist noch ein Hausgenosse. Sieh nur, dort hinter dem Ofen schläft er. Ich möchte den treuen Balk für kein Geld missen."

Dorus folgte mit den Blicken dem ausgestreckten Zeigefinger von Simon. Hinter dem Ofen lag Balk, der Esel. Als der Esel seinen Namen hörte, öffnete er die Augen und sah Dorus prüfend an. Darauf blinzelte er freundlich und wackelte mit den Ohren. Das war ein gutes Zeichen, und das wußte Dorus.

„Ich mag dich auch", sagte er, dem Esel zunickend. „Ich bleibe also hier."

„In Ordnung", erklärte Simon, „wenn du nur keine Angst vor harter Arbeit hast."

„Wenn ich gut behandelt werde und tüchtig zu essen bekomme, arbeite ich von morgens bis abends."

Bei diesen Worten setzte sich Dorus an den Tisch. Der alte Simon hatte gerade seinen Teller voll Grünkohl geschaufelt, denn es war Essenszeit. Ohne zu fragen, begann Dorus zu essen. Obwohl auf dem Herd nichts mehr zurückgeblieben war, denn der alte Simon kochte natürlich nur für eine Person, erhob der keinen

Einspruch dagegen, daß der Knecht seinen Teller leeraß. ‚Er ist jung und muß noch wachsen', dachte der alte Mann. Jeder merkte bald, daß Dorus ein guter Junge war. Herzensgut sogar, nur schrecklich dumm.

Simon hatte es mit seinem neuen Knecht nicht schlecht getroffen. Der Kerl konnte arbeiten für zwei, aß allerdings für zehn. Er hatte eigentlich immer Hunger. Und Simon ließ ihn essen. Es war ein Glück, daß der alte Mann für sich selbst nicht mehr viel brauchte, sonst hätte er am Ende das Essen nicht mehr bezahlen können.

Eines schönen, warmen Sommertages entdeckte Simon, daß beinahe keine Äpfel mehr im Vorratsschrank waren. Sowohl er selbst als auch Dorus liebten Äpfel. Sie waren gesund und füllten den Magen. Simon schlug daher vor, zum Markt zu fahren, weil er gehört hatte, daß dort jemand Äpfel überaus günstig anbot. Weil sie jedoch alle beide eine Abneigung gegen das Schleppen schwerer Lasten hatten, beschlossen sie, auch Balk, den Esel, mitzunehmen. Dafür war er ja schließlich da. Außerdem hatte er nie geklagt, daß ihm etwas zu schwer wäre.

Bis zum Markt in der Stadt mußte man ein gutes Stück laufen. Weil es außerdem ein sehr warmer Tag war, begann Simon schon bald zu stöhnen und zu seufzen.

„Hätten wir das bloß nicht gemacht", brummte er ganz schlecht gelaunt. Er ging vorneweg und zog den Esel, der langsam hinter ihm herzottelte, am Strick. Den Schluß bildete Dorus. Er versuchte, sich Mut zu machen, indem er forsch immer das gleiche Liedchen vor sich summte.

Aber der alte Simon schlurfte immer mühsamer dahin, er ließ seinen Kopf immer tiefer hängen. Doch er dachte nicht daran umzukehren. Was er einmal begonnen hatte, wollte er auch zu Ende führen. Als er wieder einen tiefen Seufzer tat, meinte Dorus:

„Du hast es doch da vorne gar nicht so schlecht, Simon. Wenn du schon in der Stadt bist, muß ich noch mindestens drei große Schritte machen, ehe ich auch dort bin."

Noch ehe Simon etwas darauf erwidern konnte, begegneten ihnen zwei Soldaten. Die Männer blieben stehen und deuteten lachend auf die drei, während der eine rief:

„Hat man so etwas schon gesehen? Die beiden Trottel laufen schwitzend durch die Sonne, und der Esel geht nebenher. Wenn sie auch nur ein bißchen Verstand hätten, könnte sich doch einer von ihnen auf den Esel setzen. Dem macht das bestimmt nichts aus." Darauf brachen die Soldaten in ein furchtbares Gelächter aus. Aber Dorus schüttelte trübselig den Kopf:

„Ihr findet euch sicher unerhört mutig, weil ihr uns so auszulachen wagt. Aber ihr habt ja gar keine Ahnung, wen ihr da auslacht. Das dort ist Simon Obertrottel, ich bin der dumme Dorus, und der dritte ist Balk, der Esel."

Als das die Soldaten hörten, brüllten sie noch viel mehr vor Lachen.

„Ihr seid also drei Trottel oder drei Esel, wie man will", riefen sie, „das ist wirklich gut und paßt zu euch."

Darauf gingen sie, immer noch laut lachend, weiter.

Simon war viel zu müde, um sich zu erbosen. Und Balk war nun einmal ein Esel, also war es auch kein Schimpfwort. Aber als sie noch hundert Meter weitergegangen waren, hatte Dorus plötzlich eine Idee. Er rief:

„Warum sollen wir eigentlich alle drei durch die glühende Sonne laufen? Zwei sind doch mehr als genug, der Soldat hatte recht. Einer von uns kann sich doch auf den Rücken von Balk setzen. Und der eine bin ich, denn ich habe das größere Recht darauf."

„Warum du?" fragte Simon verständnislos. „Wieso hast du mehr Recht darauf?"

„Weil du doch eher in der Stadt bist, du gehst ja vorneweg, Simon. Das habe ich dir schon einmal gesagt, hast du es vergessen?"

Noch ehe Simon Obertrottel Antwort geben konnte, hatte sich Dorus schon auf den Rücken des Esels geschwungen. Jetzt stöhnte nicht nur Simon, sondern auch der Esel. Nur Dorus saß wie ein Prinz oben und pfiff übermütig. Als Balk immer mehr zu stöhnen begann, sagte Dorus lachend:

„Jetzt stell dich doch nicht so an. Wer nicht klug ist, muß stark sein. Du bist ein Esel und bist deshalb nicht klug. Deshalb mußt du mich nun tragen, denn dafür bist du stark genug. Geht es nicht ein bißchen schneller? So kommen wir ja nie in die Stadt."

Balk mochte vielleicht dumm sein, aber er war doch verständig genug, darauf keine Antwort zu geben. Simon und er schlichen stöhnend weiter. Aber keine fünf Minuten später begegneten sie einer Frau, die gerade vom Markt zurückkam. Als sie die drei sah, blieb sie stehen und wurde zornrot im Gesicht.

„Das muß man gesehen haben!" rief sie wütend und wies auf Dorus. „Welcher gesunde, junge Mann läßt denn so einen armen, alten Tattergreis durch die glühende Sonne schlurfen und reitet selbst auf dem Rücken eines Esels spazieren? Schämst du dich denn gar nicht, Junge? Es ist eine Schande!"

Nach diesen Worten ging sie böse weiter. Dorus hatte doch einen Schrecken bekommen, und sogar Balk war unter dem Eindruck dieser strafenden Worte stocksteif stehengeblieben. Da standen sie nun alle drei auf dem staubigen Weg und dachten über die Worte der erbosten Frau nach, bis ihnen noch mehr Schweiß über die Stirne herunterlief.

Simon schien keine Lösung des Problems zu finden. Na ja, dafür hieß er ja schließlich auch mit Familiennamen Obertrottel. Auch Balk fiel nichts ein, da er ja ein großer Esel war. Aber Dorus dachte so lange nach, bis ihm ein guter Einfall kam. Er stieg von dem Esel herab und sagte zu Simon:

„Da, setz du dich nur auf den Esel, Simon. Du bist ja schließlich viele Jahre älter als ich, und ich habe jüngere Beine. Ich trete dir daher meinen Sitzplatz ab."

„Danke dir tausendmal, mein Junge", sagte Simon ganz gerührt, „das werde ich dir nie vergessen."

Der alte Mann ließ sich von Dorus auf den Rücken seines Esels helfen. Damit hätte er lieber noch ein bißchen warten sollen, denn was tat sein Knecht nun? Es war nicht zu glauben, aber der junge Kerl schwang sich hinter Simon auch noch auf den Rücken des armen Balk, dem unter der doppelten Last die Knie weich wurden.

„Lauf zu, Esel, lauf zu", sagte Dorus fröhlich, „du hast genauso junge Beine wie ich auch. Aber du hast sogar vier davon. Immer gerade aus, lieber Freund. Wenn du den Weg nicht weißt, dann frage mich nur, ich kenne ihn genauso wenig wie du."

Und so zottelten unsere drei mühsam weiter. Der arme Balk seufzte nicht mehr, denn auch dafür fehlte ihm die Puste. Und er klagte und brummte auch nicht, denn dafür war er nun einmal ein Esel.

Als sie in die Nähe der Stadt kamen, keuchte Balk wie eine Dampfmaschine. Er hatte großen Durst. Der Rücken tat ihm weh, und auch die Füße machten ihm Beschwerden. Aber er wollte trotzdem nicht aufgeben. Er würde es den zweien schon zeigen, daß er kein Trödler war. Während er sich also mühsam weiter über die staubige Landstraße schleppte, begegnete den dreien ein Musikant. Als der Musikus sah, wie sich der Rücken des Tieres unter der Last der beiden Männer durchbog, rief er wütend:

„Pfui Teufel, wie kann man nur einen armen Esel so schinden! Wirf die beiden Kerle herab, Grauschimmel, sie sollen gefälligst selbst ihre Beine gebrauchen. Dann werden sie auch merken, wie die Sonne brennt. Schmach und Schande!“

Der Musikant ging mit zornrotem Gesicht weiter. Balk schlurfte mühselig vorwärts und wurde immer langsamer und langsa-

mer. Als sie jedoch ein paar hundert Meter weiter waren, kam Dorus wieder ein Einfall. Plötzlich sagte er:

„Moment mal, Balk, bleib mal einen Augenblick stehen. Der Musikant hat gar nicht so ganz unrecht. Wir wollen sehen, daß wir keine Schwierigkeiten bekommen, Junge, wenn wir in der Stadt sind. Vielleicht regen sich sonst noch mehr Leute über uns auf, so wie gerade der Musikant. Dem müssen wir zuvorkommen und unsere Maßregeln treffen. Wenn jeder behauptet, wir würden dich schinden, können wir Ärger bekommen. Warte mal, ich glaube, ich weiß etwas dagegen.“

Balk war stehengeblieben, und Simon Obertrottel wollte absteigen. Aber das ging nicht, denn zuerst mußte der dumme Dorus, der hinter ihm saß, herabklettern. Als das geschehen war, flüsterte der Junge dem alten Mann etwas ins Ohr. Der nickte erleichtert. Ja, das war eine gute Lösung. Der dumme Dorus war eigentlich gar nicht so dumm, wenn man es recht beschaute. Und was taten sie dann? Der eine schlang seine Arme um die Hinterbeine des Esels, der andere packte ihn vorne. So trugen sie ihn in die Stadt hinein. Jetzt konnte doch wohl endlich jeder zufrieden sein und sie bewundern, glaubten sie. Aber es kam ganz anders.

Als das seltsame Dreigespann auf dem Markt erschien, wurde es von allen Seiten herzhaft ausgelacht. Die Leute hielten sich die Bäuche und konnten sich gar nicht mehr beruhigen. Und während die beiden ihren Esel mühsam bis zu der Stelle trugen, wo es die Äpfel gab, murmelte Dorus:

„Ich hab's ja schon immer gewußt, es ist entweder nicht gut, oder es taugt nichts. Man sollte sich eigentlich gar nicht um das kümmern, was die Leute sagen. Die haben doch immer etwas anderes auszusetzen."

Mit diesen Worten bewies Dorus, daß er den Namen ‚dummer Dorus' wirklich ganz zu Unrecht trug. Denn eigentlich war er doch, wie wir jetzt schon ein paarmal festgestellt haben, längst nicht so dumm, wie die Leute dachten.

*Die Geschichte vom fliegenden Robert*

Wenn der Regen niederbraust,
Wenn der Sturm das Feld durchsaust,
Bleiben Mädchen oder Buben
Hübsch daheim in ihren Stuben.
Robert aber dachte: Nein!
Das muß draußen herrlich sein!
Und im Felde patschet er
Mit dem Regenschirm umher.

Hui, wie pfeift der Sturm und keucht,
Daß der Baum sich niederbeugt!
Seht! Den Schirm erfaßt der Wind,
Und der Robert fliegt geschwind
Durch die Luft so hoch, so weit.
Niemand hört ihn, wenn er schreit.
An die Wolken stößt er schon,
Und der Hut fliegt auch davon.

Schirm und Robert fliegen dort
Durch die Wolken immerfort.
Und der Hut fliegt weit voran,
Stößt zuletzt am Himmel an.
Wo der Wind sie hingetragen,
Ja, das weiß kein Mensch zu sagen.

Heinrich Hoffmann

## *Hinweise zur Benutzung eines Fahrstuhles*

Vielleicht betrifft euch die Sache persönlich kaum, weil ihr in einem Dorf oder jedenfalls zu ebener Erde wohnt. Aber auch dann ist es gut, wenn ihr etwas mehr über Fahrstühle oder Aufzüge wißt. Es kann auch euch jederzeit passieren, daß ihr in ein Gebäude kommt, wo ihr anstatt auf einer Treppe hinauf- und hinunterzugehen, mit dem Aufzug befördert werdet. Ihr braucht in einem Aufzug nie Angst zu haben. Selbst wenn einmal eine technische Störung eintritt, ist das kein Grund, in Panik zu geraten. Die Luft kann nicht knapp werden, und Hilfe wird rasch geleistet. Im Falle einer Störung braucht man nur den roten Knopf (das Notsignal) zu drücken. Aufzüge werden nur unter Beachtung strenger Sicherheitsvorschriften gebaut. Jedes Jahr werden sie überprüft, ob sie technisch noch einwandfrei sind. Gleichzeitig ist gesetzlich vorgeschrieben, daß ein Aufzug regelmäßig gewartet werden muß. Solch ein Beförderungsmittel steht also unter dauernder Kontrolle. Sollte einer von euch trotz alledem noch Angst haben, der Fahrstuhl könnte einfach mal hinunterfallen, so möge er sich die folgenden Angaben gut einprägen:

Die Kabelstränge, an denen ein Aufzug hängt (mindestens vier), sind so berechnet, daß sie das Achtzehnfache des Gewichtes der Kabine tragen können.

In den letzten 40 Jahren ist kein einziger Fall bekanntgeworden, daß die Kabel gerissen wären.

Dennoch liest man natürlich ab und zu, daß ein Aufzug nicht ganz zufriedenstellend gefahren ist und dadurch einen Unfall verursacht hat. Dafür gibt es zwei Hauptursachen:

Die Unfälle beziehen sich häufig auf spezielle Aufzüge, wie sie beim Transport von Gütern und in Fabriken benutzt werden.

Häufig wird ein derartiger Unfall auch durch falsches Verhalten der Benutzer hervorgerufen.

Die Sicherheit eines Fahrstuhles hängt ganz maßgeblich davon ab, wie sich der, der ihn benutzt, verhält. Wer einen Fahrstuhl benutzt, sollte sich daher Folgendes gut einprägen und danach handeln:

1. Beschädigungen führen zu Störungen, bei denen man im Aufzug steckenbleiben kann. Man benutze einen Aufzug nur, wenn es nötig ist und sollte nie ein vergnügliches Spiel daraus machen.
2. Trifft man kleine Kinder allein in einem Aufzug an, so sollte man herauszufinden versuchen, wo sie hingehören. Man lasse sie nie allein im Aufzug zurück oder allein nach oben und unten fahren.
3. Kleine Kinder wissen nicht, was ihr wißt. Sie kennen die Gefahr noch nicht. Sie greifen nach ihrem Spielzeug, auch wenn es unglücklicherweise einmal genau in dem Spalt zwischen Aufzug und Schachtwand steckenbleibt, und versuchen, es herauszuholen. Schon häufig sind kleine Kinder dabei mit einer Hand oder beiden Händen in dem engen Spalt eingeklemmt und verletzt worden. Man sollte dem also von vornherein zuvorkommen, wenn man mit kleinen Kindern in einem Aufzug steht.
4. Ein Aufzug hält nicht immer ganz genau auf gleicher Höhe mit dem Boden des betreffenden Stockwerkes. Daher Vorsicht beim Ein- und Aussteigen. Man kann dabei leicht stolpern und hinfallen.
5. Bei automatisch schließenden Türen braucht man keine Angst zu haben, man könnte zwischen den Türen zerquetscht werden. Dazu ist der Druck viel zu gering. Außerdem fährt der Aufzug niemals ab, bevor nicht die Türen ganz geschlossen sind. Wohl sollte man aber darauf achten, daß die Kleider ganz in der Fahrstuhlkabine sind.
6. Es kommt auch häufig vor, daß die Kabine des Fahrstuhls gar keine Tür hat. Der Zugang ist also ständig offen und bewegt sich an der Schachtwand entlang. Dann sollte man sich möglichst an der geschlossenen Seite der Kabine aufhalten und gut darauf achten, daß etwa mitgeführte Gegenstände nicht in den Schacht rollen können.
7. Sollte der Aufzug wirklich einmal zwischen den Stockwerken steckenbleiben, so besteht absolut kein Grund zur Panik. Man sollte dann nur den Alarmknopf oder das Telefon benutzen. Macht keine Versuche, euch selbst zu befreien.

8. Hört ihr einmal eine Alarmklingel von außen, so nehmt Kontakt mit den Eingeschlossenen auf und sagt ihnen, daß ihr Hilfe herbeiholt. Versucht niemals selbst, die Eingeschlossenen zu befreien. Nicht sachkundige Hilfe kann die Sache verschlimmern. Bei der Alarmklingel steht auch angegeben, an wen man sich im Falle einer Störung wenden muß. Gefahr besteht keine. In der Kabine herrscht auch niemals Mangel an frischer Luft.
9. Man fahre niemals in einem Aufzug mit mehr Personen als dort angegeben steht. Ein überlasteter Aufzug kann zwischen den Etagen steckenbleiben.
10. In einem verlassenen Gebäude oder bei Nacht sollte man lieber den Aufzug nicht nehmen. Ist man zu mehreren, so kann man es nötigenfalls nacheinander (niemals alle zugleich) tun, damit immer jemand da ist, der notfalls Hilfe holen kann. Ist man jedoch allein, so sollte man lieber die Treppe benutzen.
11. Bei Brandgefahr niemals den Aufzug nehmen.

1

2

1. Laß kleine Kinder nie allein mit dem Fahrstuhl hinauf oder hinabfahren.
2. Hände weg im Fahrstuhl von allem, mit Ausnahme der Knöpfe, die bedient werden müssen. Beschädigungen können ein Steckenbleiben des Fahrstuhles zur Folge haben.

3

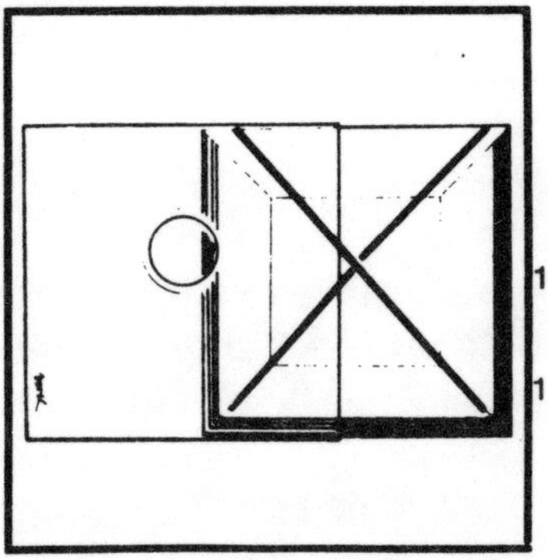

4

5

6

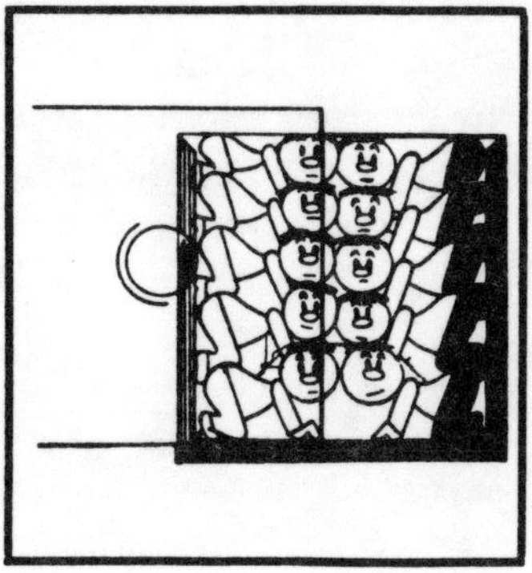

3. Bist du allein in einem Gebäude, oder brennt es dort, so benutze niemals den Fahrstuhl.
4. Stelle dich, so weit es geht, hinten in den Fahrstuhl.
5. Bei Störungen nicht in Panik geraten. Ruhig warten, bis Hilfe kommt.
6. Niemals einen Aufzug mit mehr Leuten benutzen als angegeben (zulässig) ist.

## *Das Regenmännchen ist böse*

Es regnete in Strömen. Das Wasser rauschte kübelweise vom Himmel herunter. Zwerg Brummbär öffnete die Tür seines Häuschens einen Spalt, um hinauszuspähen. Ärgerlich knallte er die Tür wieder zu.

„Regen, Regen, nichts als Regen", brummte er mißmutig. „Bei dem Wetter kann man ja keinen Fuß vor das Haus setzen. Da muß ich ja schon wieder in der Stube herumsitzen. Und ich hatte mich schon so auf einen schönen Waldspaziergang gefreut." Brummbär war sowieso kein freundlicher Zwerg. Er hatte eigentlich immer etwas zu schimpfen. Dem ewigen Geschimpfe verdankte er wohl auch seinen Namen. Er stellte sich an das Fenster seiner Wohnstube und runzelte die Augenbrauen. So stand er eine ganze Weile und betrachtete nachdenklich die auf den Boden niederprasselnden Regentropfen. Denen schien das Spiel zu gefallen, denn sie tanzten so übermütig auf und nieder, daß es eine Lust war.

Als Zwerg Brummbär immer noch mit finsterer Miene dem Spiel der Regentropfen zusah, sah er plötzlich ein kleines Männchen aus den Wolken herunterkommen. Als das Kerlchen nicht weit von seinem Häuschen auf dem Boden landete, machte Brummbär ein noch böseres Gesicht. Es war das Regenmännchen, das hatte er sofort gesehen. Das Regenmännchen schien strahlender Laune zu sein. Es tanzte fast ebenso fröhlich auf und nieder wie die Tropfen selbst. Es strich einmal über die langen, saftig grünen Grasspitzen und fühlte nach, ob das weiche Moos naß genug war. Man sah es seinem Gesicht und jeder seiner Bewegungen an, daß das Männchen sehr zufrieden war. Aber als es sich gerade anschickte, auf irgendeine der Wolken zurückzuspringen, wurde plötzlich irgendwo energisch geklopft. Das Regenmännchen sah sich verwundert um und erblickte Zwerg Brummbär hinter dem Fenster. Der Zwerg winkte ihm, doch mal hereinzukommen. Gut gelaunt verschob das Männchen seine Rückreise noch eine

Weile und begab sich zu dem Zwergenhäuschen. Immer noch schimpfend öffnete Brummbär die Tür. Als das Regenmännchen auf der Türschwelle stehenblieb, fragte der Zwerg: „Na, das scheint dir wohl zu gefallen, die viele Nässe?"

„Ja, es klappt vorzüglich, und ich bin sehr zufrieden, Brummbär. Noch ein paar Tage, dann kann ich wieder für eine Woche in Urlaub gehen."

„Du willst doch damit hoffentlich nicht sagen, daß es noch ein paar Tage so weiterregnen soll?" rief der Zwerg ganz entsetzt aus.

„Warum denn nicht, lieber Freund?"

„Ich bin nicht dein lieber Freund, merk dir das." Brummbärs Stimme klang jetzt fast drohend.

„Aber was ist denn nur los?" rief das Regenmännchen erschrocken aus. „Ich bemühe mich redlich und meine es doch nur gut mit euch allen. Hast du nicht vor ein paar Tagen gesehen, wie trocken alles draußen aussah?"

„Sicher, aber jetzt haben sie doch alle genug Wasser bekommen, Regenmännchen. Von dem ewigen Regen bekommt man ja Rheumatismus. Mir tut der Rücken schon ganz weh. Das kommt von der Nässe, sagt der Arzt. Ja, schau mich nur nicht so ungläubig an, als ob du das nicht wüßtest."

„Ja, ich hab' schon mal gehört, daß ältere Zwerge Beschwerden durch die Nässe bekommen können. Aber ich kann doch deswegen nicht einfach alle Bäume, Sträucher, Gräser und Blumen vertrocknen lassen? Das Gras hat noch nie so frisch und grün ausgesehen wie heute. Und dann solltest du dir mal die Pilze ansehen, wie sie gewachsen sind . . . Und ferner. . ."

„Und ferner hat sich erst heute morgen die Feldmaus bei mir beklagt, daß ihre ganze Wohnung voll Wasser gelaufen ist. Und die Kartoffeln sind auch sehr böse auf dich, weil sie zu verfaulen drohen."

„Ach, die Kartoffeln klagen doch immer", sagte das Regenmännchen kopfschüttelnd. „Einmal regnet es ihnen zuviel, das nächste Mal zuwenig. Man kann es nun einmal nicht jedem recht machen. Ich möchte euch natürlich keine Unannehmlichkeiten bereiten. Ich dachte nur, ihr hättet auch etwas Regen nötig. Aber wenn ich hier nicht willkommen bin, dann gehe ich eben, und ihr seht mich vorläufig nicht mehr."

„Oh, das wäre ja wunderbar. Schöne Grüße auch. Geh du nur schleunigst in Urlaub. Wir lieben dich hier wie Zahnschmerzen."

Ehe das Regenmännchen darauf etwas erwidern konnte, hatte ihm Brummbär die Tür vor der Nase zugeschlagen. Das Kerlchen blieb noch einen Augenblick betroffen stehen, zuckte dann die Schultern, machte einen gewaltigen Sprung und verschwand dann in einer der Regenwolken. Dort angekommen, führte es ein ernsthaftes Gespräch mit den Sonnenstrahlen. Es erzählte ihnen genau, was ihm da unten alles widerfahren war. Als sie ihre Unterhaltung beendet hatten, waren sie sich einig. Das Regenmännchen blies alle Wolken auf einen Haufen zusammen und schloß sie dann in seinen Vorratsraum ein. Im selben Augenblick kamen auch schon die Sonnenstrahlen hervor und ließen sich hinabsinken, bis sie die Erde erreicht hatten. Zwerg Brummbär riß die Tür seines Häuschens weit auf. Er lächelte zufrieden, und das kam bei ihm nicht oft vor. Er ging vom einen zum anderen und erzählte überall, daß er das Regenmännchen fortgescheucht habe.

„Dem Kerl habe ich mal ordentlich Bescheid gestoßen", meinte er selbstgefällig.

Sie dankten ihm alle herzlich, und Brummbär kam sich sehr wichtig vor.

Auch am nächsten Morgen schien die Sonne und am darauffolgenden Tag wieder. Das Gras trocknete rasch und wuchs in der warmen Sonne prächtig. Die Kartoffeln waren auch zufrieden, und die Feldmaus kam selbst vorbei, um dem Zwerg für seine Hilfe zu danken.

So vergingen ein paar Tage. Von dem raschen Wachsen bekamen die Gräser Durst. Und als das Wasser im Boden immer tiefer wegsackte, fingen auch die Kartoffeln bald wieder an zu schimpfen. „Im Wasser fast zu ertrinken ist nichts, aber den Durst kann man ja überhaupt nicht aushalten", klagten sie. Nur die Feldmaus war immer noch zufrieden. Sie konnte jetzt wieder durch die langen Gänge ihrer Wohnung spazieren, ohne nasse Füße zu bekommen.

Als es immer noch trocken blieb, begann auch das Moos zu klagen. Die Grashalme verloren schon ihre schöne grüne Farbe und wurden da und dort gelb von der Trockenheit. Nachdem es eine Woche lang nicht mehr geregnet hatte, begannen alle nach dem Regenmännchen zu rufen. Wenn es nur ein bißchen Wasser herabtropfen lassen würde, wollten sie schon zufrieden sein. Aber das Regenmännchen schien taub zu sein. Es ließ sich nicht blikken.

„Warum mag es nur so komisch sein?" fragte ein großer Pilz. „Wir haben ihm doch nichts getan?"

„Nein, wir nicht, aber Zwerg Brummbär hat es fortgejagt", sagte ein kleiner Käfer, der gerade vorbeikam.

„Ja, das stimmt", riefen die Gräser im Chor. „Brummbär ist schuld, daß sich das Regenmännchen nicht mehr blicken läßt. Es ist ein Skandal. Nur wegen seiner albernen Rückenschmerzen sollen wir hier alle verdursten."

„Er denkt nur an sich", sagte der Pilz wieder. „Was aus uns wird, danach fragt er nicht. Mein schöner, roter Hut ist schon ganz blaß geworden und zusammengeschrumpft. Ich war doch so stolz darauf."

Zwerg Brummbär entging es natürlich auch nicht, daß draußen etwas nicht in Ordnung war. Ganz vorsichtig öffnete er die Tür einen Spalt. In diesem Augenblick rief der Pilz gerade: „Brummbär hat das Regenmännchen beleidigt. Er wird sich bei ihm entschuldigen und ihm einen Brief schreiben müssen, ob es nicht so gut sein wolle, seine Tropfen wieder herabfallen zu lassen."

Brummbär wußte, daß er tun mußte, was der Pilz verlangte. Fast alle waren nämlich darin mit diesem einer Meinung. Wenn er, Brummbär, sich geweigert hätte, so würde ihm das wohl schlecht bekommen. Sie rissen ihm vielleicht das Häuschen ein vor lauter Zorn. So setzte er sich also hin und schrieb einen Entschuldigungsbrief. Glücklicherweise vergaß das Regenmännchen rasch, wie häßlich es von dem Zwerg behandelt worden war, der es so einfach weggejagt hatte. Bereitwillig scheuchte es die Wolken aus der Vorratskammer. Und schon fielen die Regentropfen wieder herab.

Alles atmete erleichtert auf. Die Pilze strafften sich wieder. Die Kartoffeln tranken sich prall und rund, und das Gras und das

Moos bekamen ihre prächtige grüne Farbe zurück. Die Feldmaus hatte die trockene Zeit dazu benutzt, ihre Gänge so anzulegen, daß sie nicht mehr mit Wasser vollaufen konnten. Alles freute sich, daß das Regenmännchen die häßlichen Worte von Brummbär so schnell vergessen hatte. Nur der Zwerg selbst war nicht froh. Er hatte schon wieder Rückenschmerzen, so starke sogar, daß er ganz krumm ging. Er hielt die Tür seines Häuschens fest geschlossen, denn er wollte das Regenmännchen nicht mehr sehen. Aber so böse wie früher sah er doch nicht mehr aus. Er hatte eingesehen, daß Kreuzschmerzen immer noch besser waren, als wenn ringsumher alles verdurstete. Und es würden auch wieder trockene, sonnige Tage kommen, meinte er. Und das war ja glücklicherweise auch so.

## *Kein Wasser aus der Pumpe*

Bauer Furchenzieher hatte einen neuen Bauernhof gekauft. Als er dort einzog, stellte er fest, daß sich im Hof nirgendwo eine Pumpe befand. Ein Bauernhof ohne Pumpe aber ist ein Unding, meinte Bauer Furchenzieher. Wie soll man die Ställe reinigen und das Vieh mit Wasser versorgen können? Eine Pumpe mußte also her. Er ließ sich deshalb eine bauen. Als sie fertig war, und er den ersten Eimer Wasser holen wollte, rief er erschrocken aus: „Das Ding ist ja ganz falsch gebaut! Damit kann ich nichts anfangen!" Wer kann sagen, ob der Bauer recht hatte, und was mit dieser Pumpe nicht stimmte?

(Auflösung hinten im Buch)

## *Der Schlangenknoten*

Jeder von euch hat bestimmt schon einmal im Fernsehen oder im Zirkus einen Schlangenbeschwörer gesehen. Achmed, den ihr auf der Abbildung drüben seht, versteht sein Handwerk. Nach den lieblichen Klängen seiner Zauberflöte kann er eine ganze Reihe Schlangen gleichzeitig tanzen lassen. Ehe wir weiter auf Achmed und seinen Schlangenknoten zu sprechen kommen, wollen wir zuerst noch etwas über Schlangenbeschwörungen im allgemeinen sagen. Kobras sind die Lieblinge aller Schlangenbeschwörer. Erstens sind sie dadurch, daß sie sich steil aufrichten können, besser sichtbar als andere Giftschlangen, und zweitens gibt es auch sehr viele Kobras, so daß sie leicht zu beschaffen sind. Wie schon gesagt, gehört die Kobra zu den Giftschlangen. Aber den Tieren, mit denen regelmäßig Vorführungen gemacht werden, hat man in den meisten Fällen die Giftzähne entfernt. Viele Schlangenbeschwörer können jedoch auch ausgezeichnet mit Schlangen umgehen, die noch über diese gefährlichen Waffen verfügen. Es ist einfach verblüffend zu sehen, mit welch sicherem, geschicktem Griff sie eine im Gras davonschießende Giftschlange packen und emporheben, ohne daß das Tier die Möglichkeit bekommt zuzubeißen. Eine Kobra kann fast zwei Meter lang werden. Ihre Zeichnung im Nacken erinnert an eine Brille, daher wird die Kobra vielfach auch Brillenschlange genannt. Über diese brillenartige Zeichnung gibt es eine alte Legende. Als Buddha, der Stifter der indischen Religion des Buddhismus, eines Tages in der prallen Mittagssonne schlief, erschien eine Kobra und blähte ihren Nackenschild auf, um sein Gesicht vor den Sonnenstrahlen zu schützen. Als Buddha erwachte, fand er die Fürsorge der Schlange so nett, daß sie sich von ihm etwas erbitten durfte. Weil zu dieser Zeit gerade eine bestimmte Vogelart sehr unter den Kobras aufräumte, verlieh Buddha der Schlange und allen ihren Artgenossen zur Belohnung eine Brille. Raubvögel hatten Angst vor der Brille, und damit hörte dann die Verfolgung der Schlangen auf. Um nun wieder auf unseren Achmed zurückzukommen, so hat er soeben auf dem Marktplatz vor einer Moschee Platz genommen, seinen Korb geöffnet und sein Flötenspiel ertönen lassen. Bei den ersten Klängen kommen die Schlangen aus dem Korb herausgekrochen. Sie richten sich auf und verheddern sich dabei ineinander, bis ein wahrer Schlangenknoten entstanden ist. Die Aufgabe lautet nun, diese Schlangen zu zählen und festzustellen, um wieviele Tiere es sich nun eigentlich handelt. Schreibt euer Ergebnis auf ein Blatt Papier, ehe ihr es mit der richtigen Lösung hinten im Buch vergleicht.

(Auflösung hinten im Buch).

## *Wo ist der Autoschlüssel?*

Ja, da steht man dann wie ein Narr, wenn man mit dem Auto wegfahren will und hat den Zündschlüssel verloren. Das ist erst kürzlich unserem Nachbarn passiert. Ich sah ihn gerade beim Überqueren der Straße. Plötzlich blieb er wie angewurzelt stehen und begann in seinen Rocktaschen zu wühlen. Schließlich ging ich hinunter, um ihn zu fragen, was er denn vermisse. Er erzählte mir, daß er den Zündschlüssel seines Autos nicht finden könne. Ich entdeckte jedoch sofort, wo der Zündschlüssel geblieben war. Ihr auch?

(Auflösung hinten im Buch)

# *Wo landet Flatterinchen?*

Der Schmetterling Flatterinchen ist auf der Suche nach einer günstigen Stelle zum Landen. Er hat auch eine gefunden, natürlich eine Blume. Aber welche Blume? Das könnt ihr herausbekommen, wenn ihr die Farbstifte hervorholt. Malt alle Ziffern 4 hellgrün, 3 gelb, 6 rot, 9 lila, 5 schwarz und 0 dunkelgrün. Die Ziffern 1, 2, 7 und 8 laßt ihr weiß. Noch schöner wird das Ergebnis, wenn ihr durchsichtiges Papier auf die Zeichnung legt und die Ziffern, die ihr durchscheinen seht, wie angegeben koloriert. Den Schmetterling müßt ihr dann noch einmal durchpausen.

(Auflösung hinten im Buch).

## *Wir zeichnen einen Pelikan*

Bevor ihr diesen Pelikan nachzeichnet, will ich euch zuerst noch etwas über diese großen Wasservögel erzählen. Pelikane sind die größten Vertreter der Ordnung der Ruderfüßer. Sie haben einen gewaltigen Schnabel, der in Wirklichkeit aus einem Kehlsack und aus einem darauf sitzenden Deckel besteht. Der Kehlsack ist der Unterschnabel und der Deckel der Oberschnabel. Pelikane haben ein dichtes Gefieder und auf Hinterkopf und Nacken eine Art von Federhaube. Sie kommen in tropischen Gebieten der Erde vor. Nach einer alten Legende ist der Pelikan das Sinnbild aufopfernder Liebe. Wenn die Nahrung für seine Jungen zu knapp wird, soll er sich selbst mit dem Schnabel die Brust aufreißen und die Jungen mit dem eigenen Blut ernähren. Das ist natürlich nur eine alte Fabel, die die Zoologen längst widerlegt haben. Die bekannteste Art ist der weiße Pelikan, und wir wollen einmal annehmen, daß dies hier seine Silhouette sei. Pelikane lieben ein ruhiges, geregeltes Leben. In den frühen Morgenstunden gehen sie auf Jagd. Sie leben meistens nur von Fischen. Wenn sie jedoch Hunger leiden, verschmähen sie selbst junge Wasservögel nicht, die sich zu dicht in ihre Nähe gewagt haben. Selbst halberwachsene Enten sind vor der Gefräßigkeit der Pelikane nicht sicher. Ihre Speiseröhre kann so erweitert werden, daß eine geballte Männerfaust bequem hindurch kann. Sie können daher selbst große Fische mit einem Bissen hinabgleiten lassen. Gegen zehn Uhr morgens haben sie genügend Nahrung aufgenommen. Dann ziehen sie gemeinsam zu einer geeigneten Sandbank oder Baumgruppe, um dort zu ruhen, das Futter zu verdauen und währenddessen ihr Gefieder in Ordnung zu bringen und neu einzufetten. So, jetzt wißt ihr etwas mehr über eure Zeichenvorlage, den Pelikan. Ihr habt sicher schon verstanden, daß ihr ihn auf dem unteren Teil der nebenstehenden Seite nachzeichnen sollt. Zählt die Kästchen genau aus und achtet gut auf die Umrisse des Vogels. Es ist der Sinn der Übung, daß ihr einen möglichst ähnlichen Zwillingsbruder des obigen Pelikans zeichnet. Am besten beginnt ihr mit einem Bleistift, damit ihr falsch gezeichnete Linien wieder wegradieren könnt. Und nun, viel Erfolg!

## *Was gehört nicht hierher?*

Wie ihr seht, sind hier fünf Musikinstrumente gezeichnet. Im ersten Augenblick könnte man meinen, daß sie alle fünf zusammengehören. Man muß schon ein wenig von Musikinstrumenten verstehen, um zu merken, daß sich auch eines hierher verirrt hat, das eigentlich nicht dazugehört. Welches Instrument paßt nicht in die Gruppe und weshalb nicht?

(Auflösung hinten im Buch).

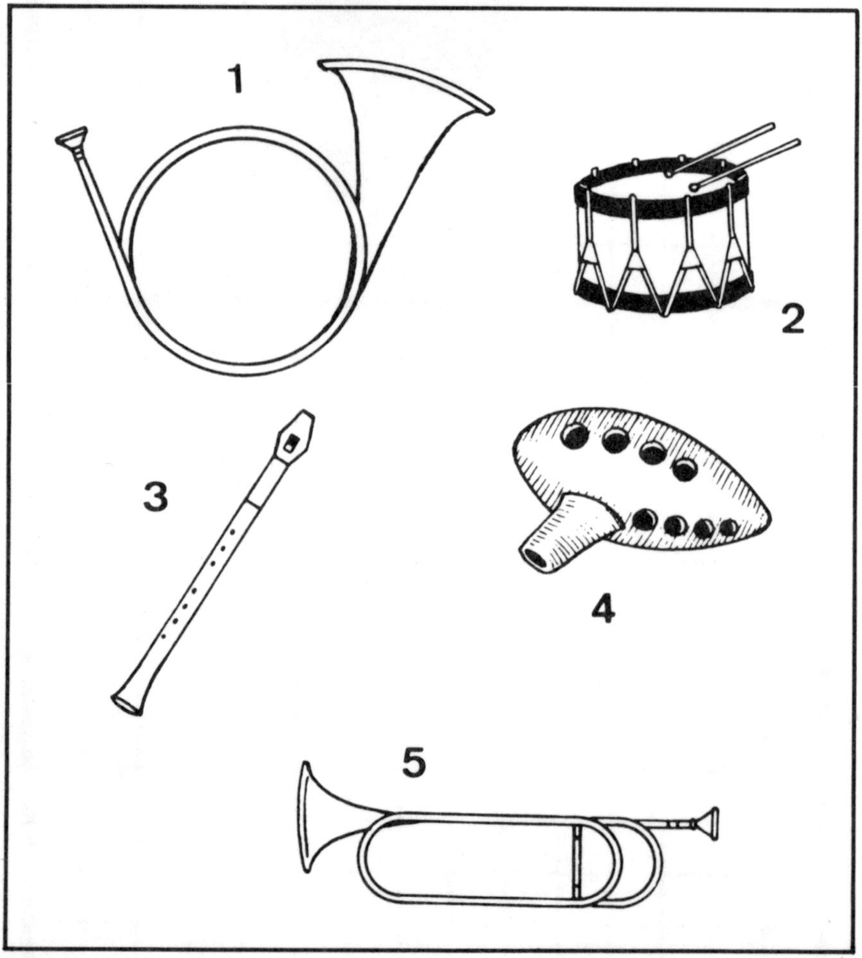

## *Sucht den Eindringling heraus*

Dieses Rätsel ist nicht gerade leicht, aber zu schwer ist es sicher auch nicht. Man muß nur einmal die Augen aufmachen und einen Augenblick nachdenken. Auf dieser Zeichnung sind Gartengeräte abgebildet, und zwar vier verschiedene. Wenn wir euch nun sagen, daß ein Eindringling dabei ist, dann werdet ihr bald herausfinden, was damit gemeint ist.

(Auflösung hinten im Buch).

## *Wieviele Tage muß Hank sägen?*

Hank ist ein kanadischer Holzfäller. In diesem Falle könnte man auch sagen, Holzsäger, denn er hat es gerade geschafft, den großen Baum umzusägen. Der Stamm, den ihr dort liegen seht, ist etwa 20 Meter lang. Hank hat nur diese kleine Säge, mit der er den Baum in 1 m lange Stücke aufteilen muß. Er kann jedoch nur ein Stück pro Tag absägen. Wieviele Tage benötigt er, um den Baum in 20 Stücke zu zersägen?

(Auflösung hinten im Buch)

## *Das kann doch nicht sein!*

Diese Äpfel ehrlich unter die fünf Kinder zu verteilen, ist kein Kunststück. Denn es sind ja auch fünf Äpfel. Sie sind außerdem auch alle gleich groß und gleich schön. Es wird also keinen Streit geben. Aber jetzt kommt der Haken bei der Sache: Die Äpfel sollen so verteilt werden, daß jedes Kind einen bekommt, und trotzdem noch einer im Körbchen liegenbleibt. Das gibt es doch nicht! O ja, das gibt es doch! Denkt nur einmal gut darüber nach.

(Auflösung hinten im Buch)

## *Ein seltsames Experiment*

Professor Piper erteilt Unterricht in Chemie. Er ist ein sehr gelehrter Mann, aber furchtbar zerstreut. Daher erleben die Studenten oft die merkwürdigsten Dinge mit ihm. Als die Studenten eines Morgens in den Chemiesaal strömten, sahen sie, daß der Professor schon die Apparaturen aufgebaut hatte, um einen chemischen Versuch vorzunehmen. Sie entdeckten jedoch sofort, daß mit der Versuchsanordnung etwas nicht stimmte. Wieviele Fehler im Aufbau der Apparatur könnt ihr feststellen?

(Auflösung hinten im Buch)

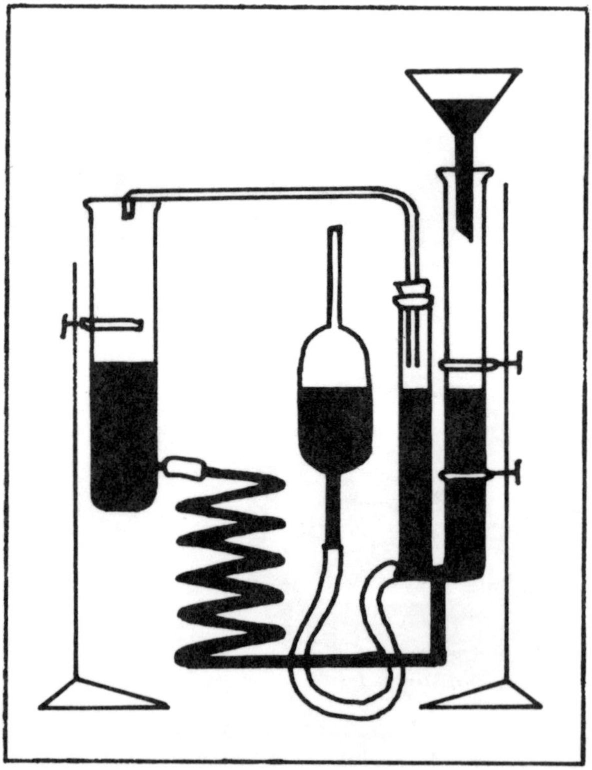

## *Käferlied*

Es waren einmal drei Käferknaben,
die täten mit Gebrumm, brumm, brumm
in Tau ihr Schnäblein tunken,
und wurden so betrunken,
als wär's ein Faß mit Rum.

Da haben sie getroffen an
eine wunderschöne Blum', Blum', Blum'.
Da wollten ganz verstohlen
sie Blumenstaub sich holen
und flogen um sie herum.

Die Blume, die sie kommen sah,
war grade auch nicht dumm, dumm, dumm.
Sie war von schlauem Sinne
und rief die Base Spinne:
„Spinn mir ein Netzlein um!"

Die Base Spinne kroch heran
und machte die Beine krumm, krumm, krumm.
Sie spann ein Netz so feine
und setzte sich dareine
und saß da mäuschenstumm.

Und als die Käfer kamen an
mit heimlichem Gesumm, summ, summ,
sind sie hineingeflogen
und wurden ausgesogen,
half ihnen kein Gebrumm.

Das Blümlein aber lachend sprach
und kümmert sich nicht drum, drum, drum:
„So geht's ihr armen Dinger!
Ihr machtet lange Finger
und finget euch selbst! Wie dumm!"

Robert Reinick

## *Indianer „Schleichende Sohle“ auf Bärenjagd*

„Schleichende Sohle“ ist wieder einmal auf der Bärenjagd. Als er sich an die Fährte eines großen Bären heftet, gelangt er plötzlich zu einem See, der ganz zugefroren ist. Das Eis ist so fest, daß er den See ohne weiteres überqueren kann. Die untere Hälfte der Zeichnung ist das Spiegelbild, das „Schleichende Sohle“ auf dem Eise überall nachfolgt. Es sieht zwar so aus wie der Indianer, aber ganz gleich ist es in Wirklichkeit nicht. Könnt ihr Unterschiede feststellen? Wenn ja, welche und wieviele?

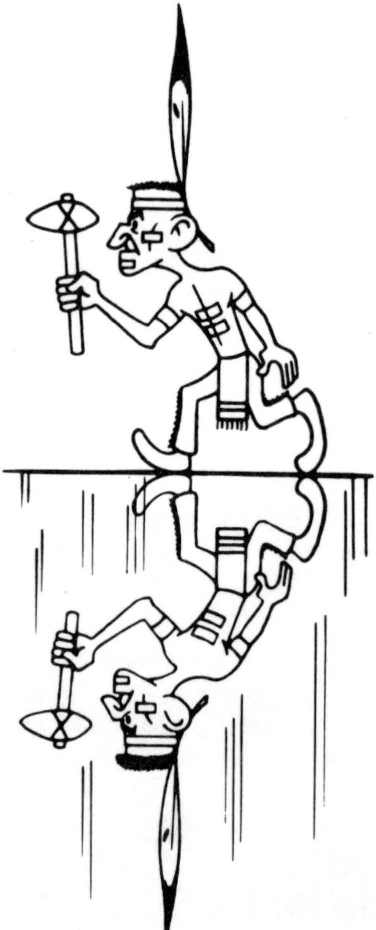

(Auflösung hinten im Buch)

## *Sticken auch für die Kleinen*

Man braucht wirklich kein großes Licht im Sticken zu sein, um diese Kreuzstichmuster zustande zu bringen. Aber obwohl sie leicht zu machen sind, ist die Wirkung groß, die man damit erzielen kann. Die einzelnen Kästchen sind absichtlich groß gehalten, um das Auszählen für die Jüngeren unter euch zu erleichtern. In jedes Kästchen kommt ein Stich, aber das werdet ihr wohl schon verstanden haben. Was die Farben betrifft, so könnt ihr ruhig die nehmen, die ihr zufällig zur Hand habt. Natürlich sollte man die Küken nicht gerade feuerrot machen. Wenn ihr eine größere Auswahl an Farben habt, so macht den Schnabel und die Beine rot, den Körper gelb, die Augen schwarz. Den Flügelchen könnt ihr drei dunkelgelbe Tupfen geben und das Gras müßt ihr grün halten. Die Reihe der Küken könnt ihr natürlich beliebig lang machen. Ihr seht den Schnabelansatz eines neuen Kükens schon wieder hinter dem Schwänzchen des letzten angedeutet. So läßt sich die Reihe beliebig fortsetzen. Das untere Muster wäre hübsch für einen Läufer, zum Beispiel für die Fensterbank, den Kaminsims oder für ein kleines Schränkchen.

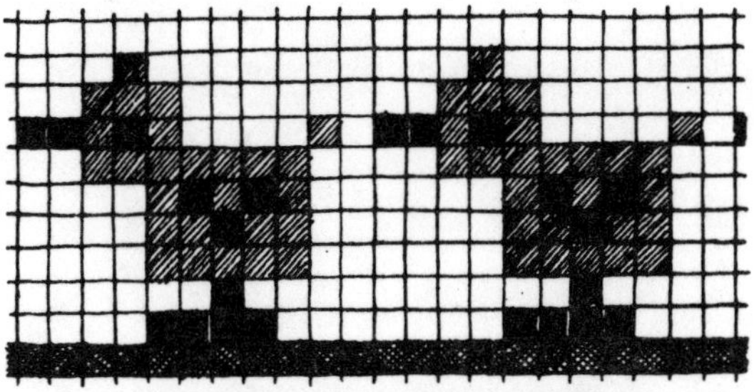

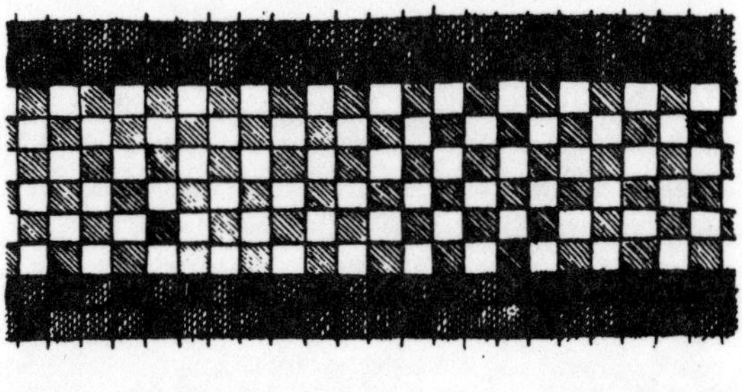

## *Was weiß ich?*

1. Welches Wort wird selbst vom gelehrtesten Professor immer falsch geschrieben?

2. Wer hat einen Hals, kann aber niemals Halsschmerzen bekommen?

3. Auf welche Bank kann man sich nicht setzen?

4. Welcher Bock mag weder Gras noch Heu, noch Rüben, aber Blut?

5. Welches Holz ist schwerer als Wasser und schwimmt daher nicht?

6. Welche Übereinstimmung gibt es zwischen einem Paar Handschuhen, einem Paar Schuhen und deinen Eltern?

7. Was für Haare haben Deutsche Doggen, und was für Haare haben Russische Windhunde?

8. Welche Schlüssel passen in kein Schloß?

9. Wie nennt man die obersten Steine am Hause eines Bürgermeisters?

10. Was gibt noch mehr Licht als die stärkste Lampe?

11. Wie kann man Rindfleisch ohne Kühlschrank am längsten frischhalten?

12. Wann brennt ein Heuschober fast immer ab?

13. Welche Ringe können nie als Schmuck dienen, auch nicht, wenn man sie mit Brillanten besetzt?

14. Selbst Frauen, die eine Abneigung gegen Hüte haben, tragen bisweilen einen Hut. Bei welchem Anlaß?

15. Wer ist der Kleinste auf dem Fußballfeld und wer ist der Kleinste im Kino?

16. In welche Lade kann man nichts einräumen und wegschließen?

17. Von welchem Menschen kann man sagen, daß er immer schön bleibt, selbst wenn er Mumps hätte und das Gesicht voll Pikkel?

18. Was wird, wenn es länger wird, doch kürzer?

19. Welche Kerzen brennen länger, dicke rote oder dünnere weiße?

20. Kann man sagen, daß heute die meisten Männer wieder einen Bart tragen?

21. Aus welchen Motiven gewinnt man die meiste Kraft?

22. Auf welchem Fuß sollte man lieber nicht stehen?

23. Welches Tier sieht niemals, wohin es schleicht?

24. Wie nennt man einen Menschen, der schon um 21 Uhr schlafengeht?

25. Welche Ketten hat noch kein Sträfling getragen?

## *Tips für eure Bastelarbeiten*

Wenn ihr den richtigen Klebstoff benutzt, hält alles noch einmal so gut und ihr habt mehr Freude daran!

Ganz wichtig für die starke Klebkraft ist aber, daß ihr den Klebstoff immer **so dünn wie möglich** auftragt.

Habt ihr Holzteile miteinander zu verkleben, nehmt ihr den Bastelleim Ponal oder, wenn's ganz schnell gehen soll, einfach Ponal express mit Schnellkraft. Ihr tragt den Leim auf einer Seite **dünn** auf und drückt dann beide Teile fest zusammen. Nur bei ganz harten Hölzern streicht ihr beide Teile dünn mit Ponal oder Ponal express ein, so hält's besser.

Eure Papierbasteleien werden sauber und ordentlich, wenn ihr den Pritt Klebestift benutzt – und was auch noch wichtig ist, die Finger bleiben frei von Klebstoff. Ihr streicht eine Seite mit Pritt Klebestift ein, legt die andere Seite darauf und drückt die Klebeteile mit dem Finger fest. Fertig!

Habt ihr schon mit einer Creme geklebt? – Wenn nicht, dann versucht es einmal mit der Pritt Alles-Klebe-Creme. Sie klebt nicht nur eure Holzarbeiten und Papierbasteleien, sondern auch alle anderen Materialien zuverlässig fest. Geklebt wird wie bei Ponal.

Und das Schönste: Ponal, Ponal express, Pritt Klebestift und auch Pritt Alles- Klebe-Creme lassen sich im feuchten Zustand auswaschen. Also in Zukunft gibt's keinen Ärger mehr mit häßlichen Klebeflecken. Aber aufgepaßt, wenn Klebstoff z. B. auf die Hose oder den Rock kommt, **sofort** mit Wasser entfernen.

# *Lösungen*

**Welches Buch liest Pim?** (Seite 17)

Wenn ihr die angegebenen Fächer schwarz ausgemalt habt, werdet ihr sicher das Schattenbild von Napoleon erkannt haben.

**Zwölf gleiche Bilder?** (Seite 18)

In Wirklichkeit sind nur zwei der zwölf Bilder einander genau gleich, und zwar C und H. Habt ihr das auch festgestellt?

**Dreiecke suchen** (Seite 19)

Das kleinste Dreieck wird gebildet durch die Punkte FGH und das größte durch AKO.

**Wer kommt damit zurecht?** (Seite 21)

1. Den Buchstaben R. Berlin besteht aus 6 Buchstaben, und R ist der dritte Buchstabe.
2. Schnee- und Maiglöckchen.
3. Beide haben vier Viertel.
4. An Tagen der Februar, an Buchstaben der Monat Mai.
5. Die Mahlzeit.
6. Die Seekrankheit.
7. Die Herberge.
8. Das Wörtchen „es“ wird immer mit zwei Buchstaben geschrieben!
9. Matrosen.
10. Wein wächst nirgendwo; es wachsen nur die Trauben, aus denen der Wein gemacht wird.

11. Indem man den vollen Sack in einen gleichen, leeren Sack steckt.
12. Motoren und Traktoren.
13. In die Richtung ihrer Nasen.
14. Die Vögel.
15. Vögel „sitzen“ überhaupt nicht auf Ästen, eigentlich stehen sie darauf.
16. Nicht der Storch, sondern das Storchenweibchen.
17. Genau bis zur Hälfte, dann läuft man ja wieder hinaus!
18. Weil im allgemeinen ein Sattel zwischen ihm und dem Pferd ist. Er sitzt also nicht auf dem Pferd, sondern im Sattel.
19. Schornsteinfeger und Zigarrenfabrikanten.
20. Das Kirchenschiff.

**Verdrehte Sprichwörter** (Seite 22)

1. Viele Hunde sind des Hasen Tod.
2. Wie die Alten sungen, zwitschern die Jungen.
3. Der Wunsch ist der Vater des Gedankens.
4. Vom Regen in die Traufe kommen.
5. Ein Spatz in der Hand ist besser als zehn Tauben auf dem Dach.
6. Geben ist seliger denn nehmen.
7. Perlen vor die Säue werfen.
8. Sich mit fremden Federn schmücken.
9. Auf einem Bein kann man nicht stehen.
10. Jung gelernt, alt getan.
11. Zwei Fliegen mit einer Klappe schlagen.
12. Hohle Fässer tönen am lautesten.
13. Wer nicht hören will, muß fühlen.
14. Wer zuletzt lacht, lacht am besten.
15. Ein Schwalbe macht noch keinen Sommer.
16. Schmiede das Eisen, solange es noch warm ist.

**Was träumt Hänschen Traumulus?** (Seite 67)

Habt ihr die Punkte miteinander verbunden, dann ist die Silhouette des Gestiefelten Katers erkennbar.

**Sucht den Unterschied!** (Seite 68)

Hoffentlich habt ihr nicht stundenlang auf die beiden Zeichnungen gestarrt. Sie weisen nämlich nur einen einzigen, kleinen Unterschied auf. Die Zeichnung rechts hat einen senkrechten Strich mehr, gleich neben dem schwarzen Dreieck oben.

**Hallo, einmal scharf nachgedacht!** (Seite 69)

*1. Der Falschspieler.*

Es handelte sich bei diesem Spiel um 5 Musikanten. Der „Falschspieler" spielte natürlich auf seinem Instrument falsch.

*2. Die Mahlzeit*

Herr Joosten wollte zuerst zwei Eier bestellen. Weib und Geiß bestehen beide aus 4 Buchstaben. Wenn man von diesen beiden Wörtern den ersten und den letzten Buchstaben wegläßt, so bleibt zweimal ein „Ei" übrig.

*3. Der Freistoß.*

B gab seinem Nachbarn A nur zwei Tritte ins Hinterteil. Als A ihn darauf fragte, wo der dritte Tritt bliebe, sagte B, er werde sich hüten, ihm diesen auch noch zu versetzen, da er A dafür hundert Mark versprochen habe. So wolle er auf den dritten Tritt lieber verzichten. A mußte folglich ohne die hundert Mark nach Hause gehen, und B war trotzdem nicht wortbrüchig geworden, sondern hatte ihn schön hereingelegt.

*4. Redlich geteilt*

Die einzige Möglichkeit, 12 große und 12 kleine Äpfel gerecht unter die 7 Kinder zu verteilen war die, aus allen 24 Äpfeln Apfelmus zu kochen.

*5. Das weiß unsere Katze auch*

Es waren 12 Katzen in der Mühle (das werdet ihr inzwischen auch ausgerechnet haben), aber nur zwei Füße, die des Müllers. Katzen haben nämlich keine Füße, sondern Pfoten.

*6. Hier muß gebrütet werden.*

Die Pensionsmutter reichte acht von ihren Gästen ein Ei, dem neunten servierte sie es auf dem Tablett.

**Wie komme ich dahinter?** (Seite 72)

1. Alt.
2. Herzensdiebe und Diebe, die schon im Gefängnis sitzen.
3. Ein Schuh.
4. Weil Büro, Fabrik und Kirche nicht zu ihm kommen können.
5. Mit dem Ellenbogen.
6. Mit der Mondsichel
7. Aus Sparschweinen, Stachelschweinen und lebenden Schweinen.
8. Barbier.
9. Hochmut und Übermut.
10. Der Sage nach der Vogel Phönix, der sich immer wieder selbst erneuert.
11. Heu wird überhaupt nicht gemäht. Gras wird gemäht und zu Heu getrocknet.
12. Platz und Luft.
13. An seinem Geburtstag.

14. Kochendes Wasser und Wasser aus heißen Quellen.
15. Auf dem Nasenbein.
16. Seinen Schatten.
17. Hart.
18. In Ländern, in denen Männer mehr als eine Frau heiraten dürfen.
19. Das Faultier.
20. Das Gewissen.
21. Alle Neger! (Man kann beim Essen die Nase nicht weglegen).
22. Ein Buch, in dem die erste und die letzte Seite fehlen.
23. Der Donnerstag. Zählt nur einmal die Buchstaben!
24. Die Schneedecke.

**Was für ein Futter hat das Tierchen entdeckt?** (Seite 109)

Der Wurm hat einen Apfel entdeckt.

**Was hat Hans Pinselstrich gemalt?** (Seite 110)

Wenn ihr die angegebenen Fächer richtig ausgefüllt habt, wißt ihr, daß Hans Pinselstrich eine Gans in seinem Bilde sieht.

**Was für ein seltsames Tier ist das?** (Seite 111)

Dieses seltsame Tier ist zusammengesetzt aus den Hörnern einer Gemse, dem Kopf eines Wildschweines, den Vorderbeinen einer Giraffe, dem Rumpf eines Zebras, den Hinterbeinen eines Känguruhs und dem Schwanz eines Makis. Makis sind sogenannte Halbaffen, die jedoch den wirklichen Affen äußerlich kaum ähnlich sind. Sie haben einen langen, spitzen Fuchskopf und einen dicken, quergestreiften Schwanz, der länger ist als der Körper.

**Löst das Bilderrätsel mit Hilfe von Farben** (Seite 139)

Wenn ihr die richtigen Felder mit den angegebenen Farben ausgemalt habt, ist ein schöner Ara (ein großer, bunter Papagei) im Bilde zum Vorschein gekommen.

**Das ist doch falsch!** (Seite 140)

1. Die Vase auf dem linken Bild hat keinen dunklen Untergrund.
2. Die Wände haben keine Bodenleisten.
3. Alle Kerzen brennen schon, obwohl der Soldat (rechts) noch eine anzünden muß.
4. Der Soldat hat am linken Ärmel einen Streifen weniger.
5. Die Tischdecke ist nicht gesäumt.
6. Der Stern am Kragen des Soldaten fehlt.
7. Der Soldat hat eine brennende Kerze auf der Schulter.
8. Der Soldat hat auch eine brennende Kerze auf der Mütze.
9. Dem Tisch fehlt ein Bein.
10. Das Stöckchen ist ein wenig länger.
11. Der linken Schuhspitze fehlt ein Streifen.
12. Der obere linke Querast vom Christbaum fehlt.

**Welche Gefahr droht Bauer Harms?** (Seite 141)

Nun, die Antwort ist sehr einfach: Bauer Harms droht die Gefahr, daß der Korb mitsamt dem Inhalt herunterfällt. So wie der Bauer den Korb auf seinem Kopf trägt, kann er nämlich unmöglich im Gleichgewicht bleiben. Er steht nicht mit dem Mittelpunkt auf seinem Kopf.

**Wir machen uns ein Abzählspiel** (Seite 154)

Man muß mit dem Zählen bei der zweiten Scheibe, rechts von der weißen Scheibe, beginnen.

**Bert, der Architekt** (Seite 157)

Ihr habt es wahrscheinlich schon selbst gesehen: Bert zeichnet ein Segelboot.

**Linien ziehen mit System** (Seite 158)

Ihr beginnt also in Kästchen Nummer 1 und geht weiter nach: 2, 3, 4, 5, 6, 7, 8, 16, 24, 32, 40, 48, 56, 55, 47, 39, 31, 23, 15, 14, 13, 12, 11, 10, 9, 17, 18, 19, 20, 21, 22, 30, 38, 46, 54, 53, 45, 37, 29, 28, 27, 26, 25, 33, 34, 35, 36, 44, 52, 51, 43, 42, 41, 49, 57, 58, 59, 60, 61, 62, 63, 64.

**Teppichverlegen mit Köpfchen** (Seite 158)

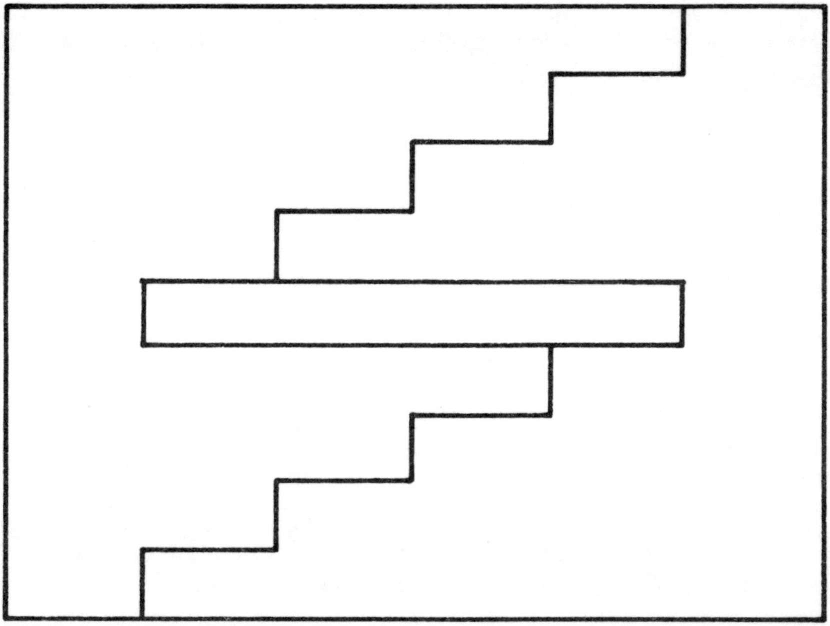

**Wer kommt dahinter?** (Seite 160)

1. Mit einem festlichen Ball (Tanzveranstaltung).
2. Einem Erzlügner, dem man sowieso nichts glaubt.
3. Böcke, die man selbst schießt (Fehler, die man macht) und Sägeböcke.
4. Ein Groschen.
5. Zaunkönige (Singvögel), abgesetzte Könige und Könige beim Kartenspiel.
6. Auf Speiseeis.
7. Ein Buch.
8. Derjenige, der Luftschlösser baut.
9. Alarm.
10. Die Kunst, Musik zu machen.
11. Illuminationen.
12. Naß.
13. Nichts.
14. Den Hanswurst.
15. Gar keine! Für ein Korinthenbrot benötigt man Korinthen!
16. Wenn man Hunger hat.
17. Katze.
18. Die Brennessel.

**Wo ist Cowboy Big Bill daheim?** (Seite 184)

Cowboy Big Bill wohnt in Argentinien. Die Silhouette dieses Landes wird durch den Schatten des Pferdes gebildet.

**Wer findet es heraus?** (Seite 196)

Es sind nur zwei Reihen, die die gleichen Zeichen in der gleichen Reihenfolge aufweisen, die Reihen D und K.

**Der finstere Kaperkapitän** (Seite 203)

Achtet einmal auf das Holzbein des Kapitäns. Dann seht ihr sofort, wo die kurze Pfeife geblieben ist!

**Kein Wasser aus der Pumpe** (Seite 225)

Diese Pumpe kann natürlich kein Wasser geben, weil der Pumpenschwengel sich überhaupt nicht bewegen läßt. Er stößt gegen das Holz der Verkleidung.

**Der Schlangenknoten** (Seite 226)

Wenn ihr genau gezählt habt, müßt ihr auf insgesamt neun Schlangen gekommen sein.

**Wo ist der Autoschlüssel?** (Seite 228)

Den Zündschlüssel könnt ihr zwischen den beiden Häusern rechts oben finden.

**Wo landet Flatterinchen?** (Seite 229)

Auf einem dreifarbigen Stiefmütterchen.

**Was gehört nicht hierher?** (Seite 232)

Nummer 2, die Trommel, gehört nicht hierher, weil Nummer 1, 3, 4 und 5 Blasinstrumente sind, die Trommel jedoch ein Schlaginstrument ist.

**Sucht den Eindringling heraus** (Seite 233)

Es handelt sich ja hier offensichtlich um Gartengeräte (Spaten, Rechen, Jäte usw.) so daß man das Fischnetz in diesem Zusammenhang als „Eindringling" ansehen kann.

**Wieviele Tage muß Hank sägen?** (Seite 234)

Hank muß insgesamt 19 Tage sägen und nicht etwa 20, wie man im ersten Augenblick leicht meinen könnte. Am letzten Tage sägt er ja den Rest des Stammes, der dann noch 2 Meter lang ist, in zwei gleiche Teile von je einem Meter. Damit aber ist seine Arbeit fertig.

**Das kann doch nicht sein!** (Seite 235)

Die Sache ist sehr einfach, wenn man es einmal weiß! Man drückt vier von den fünf Kindern ihren Apfel in die Hand. Den fünften Apfel läßt man im Körbchen und überreicht dem Kind das Körbchen mitsamt dem Apfel darin. Auf diese Weise ist also noch ein Apfel darin.

**Ein seltsames Experiment** (Seite 236)

Im Bilde sind vier Unrichtigkeiten (Fehler, Unwahrscheinlichkeiten) zu sehen.
1. Die Flüssigkeit im linken Reagenzglas muß auf der gleichen Höhe stehen wie in den übrigen Gläsern (kommunizierende Gefäße), steht jedoch höher.
2. Unwahrscheinlich ist auch, daß der Glaskolben in der Mitte ohne jede Stütze stehenbleibt.
3. Der Trichter ruht nicht auf dem Reagenzglas.
4. Die Flüssigkeit läuft nicht aus dem Trichter.

**Indianer „Schleichende Sohle" auf Bärenjagd** (Seite 238)

In 8 Punkten unterscheidet sich das Spiegelbild im Eis von der Wirklichkeit:

1. Die schwarze Spitze der Feder ist kürzer (weniger schwarz).
2. Der Indianer hat mehr Haare.
3. Es fehlt eine Ohrfalte.
4. Der Handgriff vom Tomahawk ist kürzer.
5. Der senkrechte Streifen auf Brust und Bauch ist verschwunden.
6. Es fehlt ein Finger der Hand (im Spiegelbild rechts).
7. Der Lendenschurz hat drei Streifen statt zwei.
8. Dem Tuch fehlen die Fransen.

**Was weiß ich?** (Seite 240)

1. Das Wort falsch.
2. Die Flasche.
3. Auf eine Kreditbank (Geldinstitut)
4. Der Holzbock (die häufigste einheimische Zecke).
5. Ein Stück Holz, das voller Nägel steckt.
6. Auch deine Eltern sind ein Paar!
7. Beide haben Hundehaare.
8. Himmelsschlüssel (Blume).
9. Schornsteine.
10. Zwei oder drei der stärksten Lampen.
11. Indem man das Rind am Leben läßt.
12. Wenn man ihn anzündet.
13. Heringe.
14. Einen Fingerhut beim Nähen.
15. Immer derjenige, der die wenigsten Zentimeter mißt.
16. In eine Schokolade.
17. Vom früheren Bundestrainer Helmut Schön.
18. Die Wartezeit.
19. Keine von beiden. Kerzen brennen immer kürzer.

20. Nein, niemand „trägt“ einen Bart. Ein Bart ist festgewachsen und braucht daher nicht „getragen“ zu werden!
21. Aus Lokomotiven.
22. Auf dem Kriegsfuß.
23. Die Blindschleiche.
24. Das kommt ganz darauf an, wie er heißt.
25. Gebirgsketten.